W9-CFK-327

Donation from the library of
Jose Pedro Segundo
1922 - 2022
Please pass freely to others readers so
that everyone can enjoy this book!

BOSCH

m segundo *Madrid '85*

BOSCH

Realidad, símbolo y fantasía

Isidro Bango Torviso / Fernando Marías

Silex

© SILEX®: 1982
I.S.B.N.: 84-85041-61-5
Depósito legal: VI. 212 - 1982
Diseño: J. M. Domínguez
Impreso en España por: H. Fournier, S.A. - Vitoria
(Printed in Spain)

A Iliana, Clara, Isabel y Teresa

CONTENIDO

I.   REALIDAD E IMAGINACION. Pág. 11
II. JEROEN VAN AKEN, ALIAS BOSCH. Pág. 45
III. LAS FORMAS DEL BOSCO: Estilo e Iconografía. Pág. 71
IV. EL CONTENIDO DE LAS OBRAS DEL BOSCO. Pág. 133

* El hombre de su época. Pág. 138
* Vita Christi. Pág. 175
* Los Santos. Pág. 202

GLOSARIO DE SIMBOLOS. Pág. 217
BIBLIOGRAFIA. Pág. 225
INDICE DE ILUSTRACIONES. Pág. 231

I
REALIDAD E IMAGINACION

«Hay además algunas tablas con diversas extravagancias, donde se desfiguran mares, cielos, bosques, campos y muchas otras cosas, unas que salen de una almeja marina, otras que defecan grullas, mujeres y hombres, blancos y negros en diversos actos y maneras, pájaros, animales de toda clase y con mucha naturalidad, cosas tan agradables y fantásticas que a quienes no tengan conocimiento de ellas, de ningún modo se les podrían describir bien.»

Puede causarnos gran sorpresa saber que las anteriores líneas corresponden a la primera descripción y juicio sobre el *Jardín de las Delicias* de que tenemos noticia (1), que se tratan de las impresiones del italiano Antonio de Beatis, escritas en 1517 —tan sólo un año después de la muerte del Bosco— cuando el acompañante del Cardenal don Luis de Aragón visitó la colección de pintura que Enrique III de Nassau poseía en su palacio de Bruselas. A nuestros oídos pueden resonar extrañas estas frases que Antonio de Beatis dedicó a la tabla del Museo del Prado, pues nosotros, actualmente, miramos las obras del Bosco con ojos bien diferentes a los de este italiano del *Cinquecento*. Nuestro interés por la pintura del maestro de 's-Hertogenbosch se centra en otros aspectos muy distintos a los que movían a Antonio de Beatis a expresarse de tal forma. Y sin embargo, él no era el único en su tiempo —¿podríamos hablar también del mismo tiempo del Bosco?— que así contemplaba sus tablas.

M. A. Michiel, en sus «Notizie d'opere di disegno», escritas pocos años después (2), enjuiciaba tres cuadros del Bosco que pertenecían a

---

(1) Citado por Ernst H. Gombrich. «The earliest Description of Bosch's Garden of Delight». *Journal of the Warburg and Courtauld Institutes,* 1967, p. 403-6.

(2) M. A. Michiel. *Notizie d'opere di disegno* (1521-1543). Michiel visitó en 1521 las obras que el Cardenal Grimani poseía en Venecia, entre otras las *Visiones del Más Allá* del Palazzo Ducale de Venecia y una tabla de *Jonás y la ballena* hoy perdida.

la colección veneciana del Cardenal Grimani (entre ellos las *Visiones del Más Allá* del Palazzo Ducale de Venecia y un *Jonás* hoy desaparecido), señalando que a pesar de haber sido uno de los primeros pintores que trabajaran al óleo (3), había conseguido una factura mucho más suave (*morbido*) que la de los demás artistas que habían empleado esta técnica.

El propio Felipe de Guevara (4), el gentilhombre del emperador Carlos V y viajero a Flandes, el gran coleccionista de sus obras —heredadas de su padre don Diego en 1520 y que siete años después de su muerte serían compradas a sus descendientes por Felipe II (1570)— y autor de uno de los primeros libros españoles sobre materia artística, sus «Comentarios de la pintura», escribía hacia 1560:

> «Ovo antiguamente otro género de pintura que llamaban *Grillo*. Dioles este nombre *Antífilo,* pintando un hombre, al qual por donayre llamó *Grillo*. De aquí quedó que este género de pintura se llamase *Grillo*. Nació Antífilo en Egypto, y aprendió de Ctesideno este género de pintura, que a mi parecer fue semejante a la que nuestra edad tanto celebra de Hyeronimo Bosch, o Bosco, como decimos, el qual siempre se extrañó en buscar detalles de hombres donosos, y de raras composturas que pintar...» (5).

En este primer pasaje, don Felipe con mentalidad de anticuario renacentista, pone en relación las obras del Bosco con la pintura antigua de «grillos», género recordado por Plinio en su «Historia natural». En primer lugar, interpreta culteranamente los «despropósitos» bosquianos aduciendo un precedente de la Antigüedad clásica; incluso podría haberlos puesto en relación con los «grutescos» romanos y renacentistas, cuyas fantasías y monstruosidades sirvieron de tema polémico a los

---

(3) Evidente error pues, dentro del propio ámbito artístico flamenco, se pintaba al óleo desde comienzos del siglo xv. La idea general por aquellas fechas, más mítica que real, señalaba al pintor Jan van Eyck como el inventor de esta nueva técnica.

(4) Véase Francisco Javier Sánchez Cantón. *Fuentes literarias para la Historia del Arte español.* Madrid, 1923, I, p. 159 y ss. Originalmente en Felipe de Guevara. *Comentarios de la pintura,* ed. de Antonio Ponz. Madrid, 1788, p. 41 y ss.

(5) La pintura de «grillos» (*gryllos* en griego significa cerdo), según Plinio, fue un género puesto de moda por el grecoegipcio Antífilo hacia 300 a.C., al retratar a un tal Grillo o de tal manera apodado por su aspecto porcino. Este término se utilizó desde la Antigüedad para designar escenas con figuras semihumanas y semianimales. Grillo era también el nombre de uno de los compañeros de Ulises que, según la Odisea homérica, había sido metamorfoseado en animal por Circe. También se denominan «grillos» a las figuras humanas en las que se han suprimido diversas partes de su cuerpo, como el tronco, reduciéndose su forma a una cabeza y unas piernas.

estudiosos del arte antiguo y contemporáneo. Recordemos que los grutescos, a pesar del éxito de que gozaron en la Roma imperial y en el Renacimiento, fueron repetidamente condenados por Vitruvio y un gran número de tratadistas quattrocentescos por no atenerse a la realidad natural sino ser representaciones fantásticas de «cosas que no son, ni pueden ser», como diría el propio Guevara, en otro apartado de su libro sobre la pintura. A esta valoración negativa se opondría otra a mediados del siglo XVI, representativa del manierismo artístico contemporáneo. que resaltaba las virtudes de los grutescos como campo de actividad de la fantasía personal de los artistas. A fines de siglo, sobre todo con Pirro Ligorio y Giampaolo Lomazzo, los teóricos del arte intentarían un nuevo camino de justificación de tales extravagancias, apuntando el carácter simbólico de los grutescos (de los antiguos, casi como jeroglíficos, que no de los modernos); con este cambio de dirección, se justificaba lo que era imposible en la naturaleza pero «posible» como resultado de una actividad lógica basada en un mundo de convenciones simbólicas y esotéricas (6). Sin embargo, el propio Lomazzo, para quien los grutescos y otras quimeras fantásticas eran símbolos misteriosos, escribiría en su «Trattato dell'arte della pittura» (1584) sobre el Bosco, sin referirse en ningún momento al carácter simbólico de sus obras para constatar que había sido singular y *veramente divino* en sus representaciones de cosas espantosas y extrañas apariencias, horribles sueños (7).

Felipe de Guevara, por su parte, rechaza la acusación que pesaba entonces sobre el artista de 's-Hertogenbosch por pintar fantasías sin sentido, «sin discreción y juicio ninguno» y defiende, matizando sus soluciones y justificando su empleo, su «naturalismo».

«Y pues Hyerónimo Bosco se nos ha puesto delante, razón será desengañar al vulgo, y a otros más que vulgo, de un error que de sus pinturas tienen concebido, y es, que qualquiera monstruosidad, y fuera de orden de naturaleza que ven, luego la atribuyen a Hyerónimo Bosco, haciéndole inventor de monstruos y quimeras. No niego que no pintase extrañas efigies de cosas, pero esto tan solamente a un propósito, que fué tratando del infierno, en la qual materia, quiriendo figurar diablos, imaginó composiciones de cosas admirables.

---

(6) Sobre los grutescos en general y su crítica desde Vitruvio, véase, Nicole Dacos. *La découverte de la Domus Aurea et la formation des grotesques à la Renaissance.* Londres-Leide, 1969, p. 121-35 y apéndice II (con el texto de Pirro Ligorio sobre los grutescos).
(7) Giampaolo Lomazzo. *Trattato dell'arte della pittura, scultura ed architettura.* Milán, 1584.

Esto que Hyerónimo Bosco hizo con prudencia y decoro, han hecho y hacen otros sin discreción y juicio ninguno; porque habiendo visto en Flandes quan acepto fuese aquel género de pintura de Hyerónimo Bosco acordaron de imitarle, pintando monstruos y desvariadas imaginaciones, dándose a entender que en esto solo consistía la imitación del Bosco. Ansi vienen a ser infinitas las pinturas de este género, selladas con el nombre de Hyerónimo Bosco, falsamente inscripto; en las quales a él nunca le pasó por el pensamiento poner las manos, sino el humo y cortos ingenios, ahumándolas a las chimeneas para dalles autoridad y antigüedad.

Una cosa oso afirmar de Bosco, que nunca pintó cosa fuera del natural en su vida, si no fuese en materia de infierno o purgatorio, como dicho tengo. Sus invenciones estribaron en buscar cosas rarísimas pero naturales: de manera, que puede ser regla universal, que qualquiera pintura, aunque firmada de Bosco, en que hubiera monstruosidad alguna, o cosa que pase los límites de la naturaleza que es adulterada y fingida, si no es, como digo, que la pintura contenga en sí infierno, o materia de él.

Es cierto, y a qualquiera que con diligencia observare las cosas de Bosco le será manifiesto, haber sido observantísimo del decoro, y haber guardado los límites de naturaleza cuidadosísimamente, tanto y más que otro ninguno de su arte; pero es justo dar aviso que entre estos imitadores de Hyerónimo Bosco, hay uno que fué su discípulo, el qual por devoción de su maestro, o por acreditar sus obras, inscribió en sus pinturas el nombre de Bosch, y no el suyo. Esto, aunque sea así, son pinturas muy de estimar, y el que las tiene, debe tenellas en mucho, porque en las invenciones y moralidades, fué rastreando tras su maestro y en el labor fué más diligente y paciente que Bosco, no se apartando del ayre y galania, y del colorir de su maestro. Exemplo de este género de pintura es una mesa que V. M. tiene, en la qual en círculo estan pintados los siete pecados mortales, mostrados en figuras y esemplos, y aunque toda la pintura en si sea maravillosa, el quadro de la invidia a mi juicio es tan raro y ingenioso, y tan exprimido el efecto de ella, que puede competir con Arístides, inventor de estas pinturas, que los griegos llamaron Ethice, lo qual en nuestro castellano suena, Pinturas que muestran las costumbres y afectos de los ánimos de los hombres.»

Volvemos a encontrar aquí la preocupación e interés renacentistas por el aspecto formal y la propiedad de sus obras —«observantísimo del decoro, guardando los límites de naturaleza», obras con «ayre y galanía» y bello «colorir»— y ni una sola palabra sobre los problemas de significación que hoy constituyen, quizá, el mayor atractivo de los cuadros del Bosco. No obstante, he aquí ya un claro intento de clasificación de algunas de las obras —o partes de ellas— bosquianas. Felipe de Guevara compara la escena de la «Envidia» de la Mesa de los

Siete Pecados Capitales (hoy en el Museo del Prado) (8) con las pinturas de Arístides, su mítico inventor, y las incluye en el género de obras «éticas», obras que «muestran las costumbres y afectos de los ánimos de los hombres». Esto es, costumbristas y, como corolario final, morales y didácticas.

En otro contexto, en una carta dirigida a Felipe II en 1563, los comentarios de Guevara sobre el Bosco son de tono ligeramente distinto, aunque abunden en algunos aspectos ya apuntados en la anterior. El coleccionista de sus obras reitera el hecho de que el Bosco jamás había pintado algo fuera de los límites del natural que no tuviera relación con el mundo infernal o del purgatorio; añade que sus invenciones se fundaban en la investigación de cosas extrañísimas pero siempre naturales y termina repitiendo su argumento sobre las imitaciones de los cuadros del flamenco. Por un lado, nos enfrentamos con un consejo práctico dirigido a una correcta identificación de las obras del Bosco, distinguiéndolas de las falsas imitaciones apócrifas; por otro, intenta Guevara una explicación global de los procedimientos seguidos por el pintor para crear sus «fantasías»: el Bosco utiliza cosas extrañísimas, pero siempre naturales, para conformar visiones de objetos no naturales, invisibles, irreales desde un punto de vista fenoménico aunque existentes en la realidad sobrenatural de lo infernal, realidad apoyada —para considerarla como tal— en unas creencias religiosas cristianas bien arraigadas y vigentes.

A pesar de estas acotaciones guevarianas, tenemos que acercarnos a otro escritor contemporáneo, Ambrosio de Morales, para hallar, en su mirada puntual y universal de humanista, algo que espiritualmente refleje la ansiedad que hoy nos producen las obras del Bosco. A diferencia de Antonio de Beatis, Michiel o el propio Guevara, Morales —autor de las eruditas «Antigüedades de las ciudades de España» (1575)— se preocupa por darnos la que para él era la clave del significado de *El Carro del Heno* (hoy en el Museo del Prado madrileño). Así, nos recuerda el proverbio flamenco en el que se habría inspirado el Bosco y que daría sentido a su tríptico. En «La Tabla de Cebes», en la tercera parte de su «Teatro Moral», escrito antes de 1546 pero publicado en 1586, nos dice

---

(8) A pesar de la atribución de Felipe de Guevara de la Mesa de los *Siete pecados capitales* a un anónimo discípulo del Bosco, la crítica coincide casi de forma unánime en asignarla como obra del maestro de 's-Hertogenbosch.

EL CARRO DEL HENO *(frag.)*. Museo del Prado, Madrid.

en su descripción del cuadro (9): «... y hase de entender como carro de heno, en flamenco, tanto quiere decir como carro de nonada, en Castilla»; los hombres persiguen, intentan subirse en él e incluso se matan por ello, al carro de lo fútil, de lo pasajero mundano, perecedero, *vanitas.*

Otro tanto ocurre en la «Historia de la Orden de San Gerónimo» (1605) de Fray José de Sigüenza que, a causa de las típicas preocupaciones religiosas y morales de su momento y ambiente —y suyas propias, por lo que hará falta volver sobre este tema— escribía en 1599 (10):

«... de que quiero hablar un poco mas largo por algunas razones: porque lo merece su grande ingenio, porque comunmente las llaman los disparates de Geronimo Bosque gente que repara poco en lo que mira, y porque pienso que sin razon le tienen infamado de herege; tengo tanto concepto (por empeçar desto postrero) de la piedad y zelo del Rey nuestro fundador [Felipe II], que si supiera era esto assi, no admitiera las pinturas dentro de su casa, de sus claustros, de su aposento, de los capítulos y de la sacristia; todos estos lugares estan adornados con ellas; sin esta razon, que para mi es grande, ay otra que se toma de sus pinturas: veense en ellas casi todos los Sacramentos y estados y grados de la Iglesia, desde el Papa hasta el mas infimo, dos puntos en que todos los hereges estropieçan, y los pintó en muchas veras y con gran consideración, que si fuera herege no lo hiziera, y de los misterios de nuestra redencion hizo lo mismo. Quiero mostrar agora que sus pinturas no son disparates, sino unos libros de gran prudencia y artificio, y si disparates son, son los nuestros, no los suyos, y por decirlo de una vez, es una satyra pintada de los pecados y desuarios de los hombres...»

«... la diferencia que a mi parecer ay de las pinturas deste hombre a las de otros, es que los demás procuraron pintar al hombre qual parece por de fuera: este solo se atrevió a pintarle cual es dentro; procedió para esto con un singular motivo, que declararé con este exemplo: los poetas y los pintores son muy vezinos a juyzio de todos (11); las facultades tan hermanas que no distan mas que el pincel y la pluma, que casi son una cosa; los sugetos,

---

(9) Ambrosio de Morales. *Tabla de Cebes* en *Teatro Moral.* Madrid, 1586; citado por A. M. Salazar. «El Bosco y Ambrosio de Morales». *Archivo Español de Arte,* 1955, p. 117 y ss.

(10) Fray José de Sigüenza. *Historia de la Orden de San Gerónimo.* II parte. Madrid, 1600. III, libro IV, discurso XVIII.

(11) Opinión basada en la idea de la pintura como literatura para iletrados, sostenida por lo menos desde la sentencia de Horacio *ut pictura poesis* y vigente de manera generalizada durante el siglo XVI por la literatura teóricoartística de la época. Sobre este tema véase el artículo de Rensselaer W. Lee. «*Ut pictura poesis.* The humanist Theory of Painting.» *The Art Bulletin,* XXII, 1940, p. 195-268.

los fines, los colores, las licencias y otras partes son tan unas, que apenas se distinguen sino con las formalidades de nuestros metafisicos. Entre los poetas latinos, se halla uno (y no de otro que merezca nombre) que pareciéndole no podia ygualar en lo heroyco con Virgilio, ni en lo comico o tragico llegar a Terencio o Seneca, ni en lo lyrico a Oracio, y aunque mas excelente fuesse, y su espíritu le prometiesse mucho, avian de ser estos los primeros, acordó hazer camino nuevo; inventó una poesía ridicula, que llamó macarrónica: junto con ser assi, que tuviesse tanto primor, tanta invencion e ingenio, que fuesse siempre principe y cabeça deste estilo, y assi le leyessen todos los buenos ingenios, y no le desechasen los no tales, y como el dixo: *Me legat quisquis legit omnia.* Y porque su estado y profession no parece admitia bien esta ocupación (era religioso, no diré su nombre pues el le calló) fingio un vocablo ridiculo y llamose Merlin Cocayo, que quadra bien con la superficie de la obra, como el otro que se llamo Ysopo; en sus poemas descubre con singular artificio quanto bueno se puede dessear y coger en los más preciados poetas, assi en cosas morales como en las de la naturaleza, y si huviera de hazer aqui officio de Crytico mostrara la verdad desto, con el cortejo y contraposición de muchos lugares. A este poeta, tengo por cierto quiso parecerse el pintor Geronimo Bosco, no porque le vio, porque creo pintó primero que estotro cocase, sino que le toco el mismo pensamiento y motivo, conocio tener gran natural para la pintura, y que por mucho que hiziesse la avian de yr delante Alberto Durero, Micael Angel, Urbino y otros; hizo un camino nuevo, con que los demas fuessen tras el y el no tras ninguno, y bolviesse los ojos de todos assi; una pintura como de burla y macarrónica, poniendo en medio de aquellas burlas muchos primores y estrañezas, assi en la invencion como en la execucion y pintura, descubriendo algunas vezes quanto valia en aquel arte, como tambien lo hazia Cocayo hablando de veras.»

Tras estas explicaciones sobre la ortodoxia religiosa del Bosco, sus motivaciones para abrir un nuevo sendero «macarrónico» al arte de la pintura y la finalidad didáctica y piadosa de sus obras, el jerónimo castellano pasa a analizar las obras que se conservaban en el monasterio filipino de San Lorenzo del Escorial, dividiéndolas en tres tipos. El primero de ellos el de las escenas de la Vida de Cristo:

«Las tablas y quadros que aqui ay son tres diferencias. O pinta cosas devotas, como son passos de la vida de Christo y su passion, la adoracion de los Reyes y quando lleva la cruz a cuestas: en la primera exprime el afecto pio y sincero de los sabios y virtuosos, donde no se vee ninguna monstruosidad ni disparate; en la otra muestra la invidia y rabia de la falsa sabiduria, que no descansa hasta que quita la vida a la inocencia, que es Christo; assi se veen los Fariseos y Escribas con rostros furiosos, fieros, regañados, que en los habitos y acciones se les lee la furia destos afectos.»

En segundo lugar, el tema de las tentaciones de San Antonio:

«Pintó por vezes las tentaciones de San Anton (que es el segundo genero de pintura) por ser un sugeto donde podia descubrir estraños efectos.

De una parte se vee a aquel santo principe de los Eremitas con rostro sereno, devoto, contemplativo, sogedado y llena de paz el alma; de otra las infinitas fantasias y monstruos que el enemigo forma, para transtornar, inquietar, y turbar aquella alma pia y aquel amor firme; para esto finge animales, fieras, chimeras, monstruos, fuegos, muertes, gritos, amenzas, vivoras, leones, dragones y aves espantosas y de tantas suertes, que pone admiración como pudo formar tantas ideas; y todo esto para mostrar que una alma ayudada de la divina gracia, y llevada de su mano a semejante manera de vida, aunque en la fantasia y a los ojos de fuera y dentro represente el enemigo lo que puede mover a risa o deleyte vano, o yra y otras dessordenadas passiones, no seran parte para derribarle ni moverle de su proposito. Varió este sugeto y pensamiento tantas vezes y con tantas nuevas invenciones, que me pone admiración como pudo hallar tanto, y me detiene a considerar mi propia miseria y flaqueza, y quan lexos estoy de aquella perfeccion, pues con tan faciles musarañas y poquedades me turbo y descompongo, pierdo la celda, el silencio, el recogimiento, y aun la paciencia, y en este santo pudo tan poco todo el ingenio del demonio y del infierno para derribarlo en esto; y tan aparejado esta el Señor para socorrerme a mi como a el, si me pongo animosamente en la pelea.»

Más adelante, después de describir la Mesa de los *Siete Pecados Capitales,* Sigüenza se interesa por el tercer género de obras, «no de menor provecho, aunque parecen más macarrónicas», y entra en la descripción de *El Carro del Heno* y *El Jardín de las Delicias,* tan vívida y bien escrita que no resistimos la tentación de citar un tan largo pasaje:

«... en el aposento de su Magestad, donde tiene un caxon de libros como el de los religiosos, está una tabla y quadro excelente: tiene en medio y como en el centro, en una circunferencia de luz y de gloria, puesto a nuestro Redentor; en el contorno están otros siete círculos en que se veen los siete pecados capitales con que le ofenden todas las criaturas que el redimió, sin considerar que los está mirando y que lo vee todo. En otros siete cercos (12) puso luego los siete sacramentos con que enriqueció su Iglesia, y

---

(12) Tabla mencionada por el Padre Sigüenza como existente en el monasterio del Escorial a fines del siglo XVI, actualmente desaparecida; haría juego, naturalmente, con la Mesa de *los Siete pecados capitales,* aunque quizá habrían sido más apropiadas —pero más difícil de representar de forma anecdótica— las siete virtudes opuestas: mansedumbre, humildad, castidad, templanza, diligencia, etc.

donde como en preciosos vasos puso el remedio de tantas culpas y dolencias en que se dexan caer los hombres, que cierto es consideración de hombre pio, y buena para que todos nos mirassemos en ella, pues la pintó como espejos donde se ha de componer el Christianismo; quien esto pintava no sentia mal de nuestra fe. Allí se ve el Papa, los Obispos y Sacerdotes, unos haziendo ordenes, otros bautizando, otros confesando y administrando otros sacramentos. Sin estos quadros ay otros de grandissimo ingenio, y no de menor provecho, aunque parecen mas macarrónicos, que es el tercero genero de sus invenciones.

El pensamiento y artificio dellos esta fundado en aquel lugar de Esayas (Esai 41) en que por madato de Dios dize a voces: Toda carne es heno, y toda su gloria como flor del campo. Y sobre lo que dize David (Psalm 102): El hombre es como heno, y sus glorias como la flor del campo. El uno de estos dos quadros tiene como fundamento o sugeto principal lo primero, que es un carro de heno cargado, y encima assentados los deleytes de la carne, la fama y la ostentación de su gloria y alteza, figurado en unas mujeres desnudas tañendo y cantando, y la fama en figura de demonio alli junto, con sus alas y trompeta que publica su grandeza y sus regalos. El otro tiene por sugeto y fundamento una florecilla y frutilla de estas que llamamos fresas, que son como unos madroñuelos, que en algunas partes llaman maiotas, cosa que apenas se gusta, quando es acabada. Para que se entienda su discurso, pondrelo por el orden que lo tiene dispuesto. Entrambos tableros son un quadro grande, y dos puertas que se cierran. En la primera de estas puertas pinta la creación del hombre, y como le pone Dios en el Parayso, y en un lugar ameno lleno de verdura y deleytable, señor de todos los animales de la tierra y de las aves del cielo, y como le manda para exercicio de su obediencia y de su fe, que no coma de un arbol; y despues como le engaña el demonio en figuras de serpiente, come y traspassa el precepto de Dios y le destierra de aquel lugar deleytable y de aquella alta dignidad en que estaba criado y puesto. En el quadro que se llama Carro de heno está esto mas sencillamente pintado; en el del madroño esta con mil fantasias y consideraciones, que tienen mucho que advertir, esto esta en la primera parte y puerta. En el quadro grande que luego se sigue esta pintado en que se ocupa el hombre, desterrado del Parayso y puesto en este mundo; y declara que es buscar una gloria de heno y de paja o yerva sin fruto, que oy es, y mañana se echa en el horno, como dixo el mismo Dios; y ansi descubre las vidas, los exercicios y discursos con que estos hijos del pecado y de yra, olvidados de lo que Dios les manda, que es hacer penitencia de sus pecados y levantar los ojos de la fe a un Salvador que los ha de remediar, convertirse todos a buscar y pretender la gloria de la carne, que es como heno breve, finito, inutil, que tales son los regalos de la sensualidad, los estados, la ambicion y fama. Este carro de heno en que va esta gloria le tiran siete bestias y fieras y monstruos espantables, donde se veen

MESA DE LOS SIETE PECADOS CAPITALES. Museo del Prado, Madrid.

pintados hombres medio leones, otros medio perros, otros medio osos, medio pezes, medio lobos, simbolos todos y figura de la sobervia, de la luxuria, la avaricia, ambicion, bestialidad, tirania, sagacidad y brutalidad. Al derredor de este carro van todos los estados de los hombres, desde el Papa y Emperador y otros Principes, hasta los que tienen el estado mas baxo y mas viles oficios de la tierra, porque toda carne es heno, y todo lo endereçan los hijos de la carne y de todo usan para alcançar esta gloria vana y caduca; y todo esto es dar traças como subir a la gloria de este carro; unos ponen escaleras, otros garabatos, otros trepan, otros saltan y buscan quantos medios y instrumentos pueden para llegar allí arriba; unos ya que estavan en lo alto, caen de allí abaxo, otros atropellan las ruedas, otros estan gozando que aquel nombre y ayre vano. De suerte que no ay estado ni exercicio ni oficio, sea baxo o sea alto, sea divino o sea humano, que los hijos de este siglo no lo conviertan o abusen del para alcançar y gozar de esta gloria de heno. Bien se que van todos caminando a prisa, y los animales que tiran el carro forcejean porque va muy cargado, y tiran para acabar presto la jornada, descargar aquel camino y bolver por otro, con que significa harto bien la brevedad de este miserable siglo, y lo poco que tarda en passar, y quan semejantes son todos los tiempos en malicia. El fin y paradero de todo esto está pintado en la puerta postrera, donde se vee un infierno espantossisimo, con tormentos estraños, monstruos espantosos, embueltos todos en obscuridad y fuego eterno. Y para dar a entender la muchedumbre de los que alli entran y que ya no caben, finge que se edifican aposentos y quartos nuevos, y las piedras que suben para asentar en el edificio son las almas de los miserables condenados, convertidos tambien alli en instrumentos de su pena los mismos medios que pusieron para alcançar aquella gloria. Y porque se entendiesse también que nunca en esta vida desampara de todo punto el auxilio y piedad divina aun a los muy pecadores, aun quando estan en medio de sus pecados, se vee al Angel Custodio junto al que está encima del carro de heno, en medio de sus vicios torpes, rogando a Dios por él, y el Señor Iesu Christo los braços abiertos y con las llagas manifiestas, aguardando a los que se convierten.»

Por último, el padre Sigüenza hace una recopilación y escribe:

«Yo confiesso que leo más cosas en esta tabla, en un breve mirar de ojos, que en otros libros en muchos dias. La otra tabla de la gloria vana y breve gusto de la fresa o madroño, y su olorcillo que apenas se siente, quando ya es passado, es la cosa más ingeniosa y de mayor artificio que se puede imaginar. Y digo verdad, que si se tomara de proposito y algun grande ingenio quisiera declararla, hiziera un muy provechoso libro, porque en ella se veen, como vivos y claros, infinitos lugares de Escritura de los que tocan a la malicia del hombre, porque quantas alegorias o metaforas ay en ella para significar esto, en los Profetas y en los Psalmos, debaxo de animales mansos, bravos, fieros, perezosos, sagazes, crueles, carnizeros, para carga

y trabajo, para gusto y recreaciones y ostentaciones, buscados de los hombres y convertidos en ellos por sus inclinaciones y costumbres, y la mezcla que se haze de unos y de otros, todos estan puestos aqui con admirable propiedad. Lo mismo de las avez y pezes y animales reptiles, que de todo estan llenas las divinas letras. Aqui tambien se entiende aquella trasmigracion de las almas que fingieron Pitagoras, Platon y otros Poetas que hizieron fabulas doctas de estas Metamorfosis y transformaciones, que no pretendian otra cosa sino mostrarnos las malas costumbres, habitos o siniestros avisos, de que se visten las almas de los miserables hombres, que por sobervia son leones; por venganza, tigres; por luxuria, mulos, cavallos, puercos; por tirania, pezes; por vanagloria, pavones; por sagazidad y mañas diabolicas raposas; por gula, gimios y lobos; por insensibilidad y malicia, asnos; por simplicidad bruta, ovejas; por travessura, cabritos y otros tales accidentes y formas que sobreponen y edifican sobre este ser humano; y ansi se hacen estos monstruos y disparates, y todo para un fin tan apocado y tan vil como es el gusto de una venganza, de una sensualidad, de una honrilla, de una apariencia y estima, y otras tales que no llegan apenas al paladar, ni a mojar la boca, qual es el gusto y saborcillo de una fresa o madroño, y el olor de sus flores, que aun muchos con el olor se sustentan.

Quisiera que todo el mundo estuviera tan lleno de los traslados de esta pintura como lo esta de la verdad y del original de donde retrato sus disparates Geronimo Bosque, porque dexado aparte el gran primor, el ingenio y las extrañezas y consideraciones que ay en cada cosa (causa admiración como pudo dar en tantas una sola cabeça) se sacara grande fruto, viendose alli cada uno tan retirado al vivo en lo de dentro, sino es que no advierte lo que esta dentro de si y esta tan ciego que no conoce las pasiones y vicios que le tienen tan desfigurado en bestia o en tantas bestias. Y viera tambien en la postrera tabla el miserable fin y paradero de sus estudios, exercicios y ocupaciones, y en que se truecan en aquellas moradas infernales. El que toda su felicidad ponia en la musica y cantos vanos y lascivos, en danças, en juegos en caças, en galas, en riquezas, en mandos, en venganza, en estimacion de santidad y hypocresia, vera una contraposicion en el mismo genero, y aquel gustillo breve, convertido en rabia eterna, irremediable, implacable. No quiero dezir mas de los disparates de Geronimo Bosque; solo se adviertan que casi en todas sus pinturas, digo en las que tienen este ingenio (que como vimos otros ay sencillos y santos), siempre pone fuego y lechuza. Con lo primero nos da a entender que importa tener memoria de aquel fuego eterno, que con esto cualquier trabajo se hara facil, como se ve en todas las tablas que pintó de san Antón. Y con lo segundo dizen que sus pinturas son cuydado y estudio y con estudio se han de mirar. La lechuza es ave nocturna, dedicada a Minerva y al estudio, simbolo de los atenienses, donde florecio tanto la Filosofia que se alcança con la quietud y silencio de la noche, gastando mas aceite que vino.»

A la estimación del arte del Bosco por razones formales se une en fray José de Sigüenza, y aún la supera, la admiración por su pintura de tono moral y edificante, didáctico e interior; en una palabra, religiosa para el siglo XVI. La condición monacal del jerónimo escurialense —y su deseo de justificar los gustos ortodoxos del rey prudente, para algunas mentalidades de la época heterodoxos— han movido a la crítica a poner en tela de juicio la «imparcialidad» de los comentarios de la «Historia de la Orden de San Gerónimo». Sin embargo, Sigüenza no era ningún estrecho devoto. Es cierto que criticaba las pinturas religiosas que no movían a la devoción y a la oración (13), pero su concepto del arte no se limitaba a reducir su objetivo a la creación de imágenes piadosas. Son conocidas sus frases en defensa de los frescos —con desnudos— de Pelegrino Tibaldi de la librería escurialense, que surgían de un abierto sentido del decoro y la propiedad. Sigüenza intenta explicarnos, desde luego, el arte del Bosco como un arte religioso y moral pero, sin duda alguna, desde una postura bastante lejana a la que podríamos llamar tradicional. Recordemos que el fraile jerónimo, seguidor del no muy ortodoxo biblista Benito Arias Montano y erasmista en última instancia como su maestro extremeño, tuvo que padecer por sus ideas «avanzadas» un proceso inquisitorial (1592), al sostener doctrinas e ideas bien distintas a las de la mayoría de sus compañeros conventuales. Quizá una vaga explicación de su entusiasmo por la obra del Bosco radique en su condición —todavía hipotética, en grado mucho mayor que en el caso de Montano (14)— de simpatizante con el ideario de la secta flamenca de la *Familia Charitatis*. La secta familista (15) arrancaba, tardíamente, del célebre movimiento espiritual nórdico que conocemos como la *devotio moderna* y, partiendo de la idea de la insuficiencia de la razón humana para comprender las palabras de la Biblia y de Dios, predicaba el amor, la paz, la humanidad y la caridad en un oscuro estilo simbólico, considerándose por encima de todas las iglesias existentes y mostrándose despectiva hacia ellas. La religión interior de los familistas era altamente individualista, estableciéndose que cada miembro de la secta podía mantener contacto directo con Dios escuchando su voz interior. Las afinidades entre estas ideas y las del fraile seguntino, por una parte,

---

(13) Recuérdese su comentario sobre el *Martirio de San Mauricio* del Greco (también en El Escorial), apoyándose en las «palabras» del pintor Juan Fernández de Navarrete «el Mudo». Véase, Sigüenza. *Op. cit.* II parte, III, libro IV, discurso XVIII.

(14) Marcel Bataillon. *Erasmo y España*. México, 1966, p. 743-8.

(15) Ben Rekers. *Arias Montano*. Madrid, 1973, p. 151 y ss. Sobre la *Familia Charitatis, idem*, p. 101 y ss. y, sobre todo, M. Rooses. *Christophe Plantin, imprimeur anversois*. Bruselas, 1883.

y las del Bosco y las de los *devotos modernos* de fines del siglo XV, por otra y más a través de la óptica personal del jerónimo escurialense, pudieron haber justificado la predilección de éste por las obras de aquél, moralistas y críticas, al mismo tiempo, de usos y abusos tradicionales en materia religiosa y mundana, «escritas» en un lenguaje alegórico y oscuro que haría las delicias de un hombre culterano como fray José de Sigüenza.

En España continuó durante el siglo siguiente —el XVII— la fama del Bosco y el interés por su obra, siendo uno de los países en que mayor eco encontró su pintura, tanto en ambientes cultos y literarios como en los medios populares. Por un lado, el Bosco era popular entre los escritores españoles del siglo XVII; por otro, sus imágenes enlazaban con la tradición terrorífico-burlesca tan grata al pueblo llano (16). Incluso el pintor aragonés Jusepe Martínez, en sus «Discursos practicables del nobilísimo arte de la pintura» (hacia 1675) (17), consideró al pintor de 's-Hertogenbosch como toledano, aunque naturalmente educado en la pintura de Flandes. Sin embargo, con el nuevo siglo cambiaría en cierto sentido la crítica bosquiana en la Península Ibérica. Juan de Butrón, defensor acérrimo del arte de la pintura como actividad liberal (18), estimó su obra, pero reconociendo que algunos de sus «caprichos» podían ser tenidos por «lascivos». Francisco Pacheco, el suegro de Velázquez y consultor inquisitorial en materia artística, después de un excurso culterano sobre los pintores de «grillos» y otros «riparógrafos», y tras juzgar de «ingeniosos» los «caprichos de Gerónimo Bosco, con la variedad de guisado que hizo de los demonios», sentencia (19):

«... onralo demasiado el Padre Fr. Iosefe de Ciguença haciendo misterios aquellas licenciosas fantasias, a que no combidamos a los Pintores.»

La línea crítica seguntina se mantiene (así en Lope de Vega, que veía al Bosco como un encubridor de moralidades filosóficas con figuras

---

(16) Véase Julio Caro Baroja. *Las formas complejas de la vida religiosa. Religión, sociedad y carácter en la España de los siglos XVI y XVII.* Madrid, 1978, p. 61 y ss. Sobre la tradición española del siglo XV de obras terrorífico-burlescas véase Isabel Mateo López. *Temas profanos en la escultura gótica española. Las sillerías de coro.* Madrid, 1979, con bibliografía sobre esta tradición en el extranjero.

(17) Jusepe Martínez. *Discursos practicables del nobilísimo arte de la pintura,* ed. de Julián Gállego. Barcelona, 1950.

(18) Juan de Butrón. *Discursos apologéticos en que se defiende la ingenuidad del arte de la pintura.* Madrid, 1626.

(19) Francisco Pacheco. *Arte de la pintura.* Sevilla, 1649, ed. de F. J. Sánchez Cantón. Madrid, 1956.

ridículas e imperfectas) (20), pero cada vez más se ve en el flamenco un pintor caprichoso, paradigma de lo licencioso y lo fantástico. El Bosco se va convirtiendo en el prototipo de lo monstruoso, misterioso y espeluznante, casi completamente ininteligible y disparatado pero, al mismo tiempo, enteramente ortodoxo desde un punto de vista religioso católico, a pesar de sus licencias «licenciosas». Incluso así lo veía Francisco de Quevedo, quien motejaba a Góngora de «Bosco de los poetas» por su «monstruoso estilo» y situaba al pintor en el infierno, pero que no lo contemplaba como a ningún agnóstico, descreído o hereje (21). Quevedo, a quien a su vez se tildaría de «aprendiz o segunda parte del ateísta y pintor Jerónimo Bosque» (22), pondría en boca de un diablo las siguientes palabras (23):

> «Mas dejando esto, os quiero decir que estamos muy sentidos de los potajes que haceis de nostros, pintandonos con garras sin ser avechuchos; con colas, habiendo diablos rabones; con cuernos, no siendo casados; y mal barbados siempre, habiendo diablos de nostros que podemos ser ermitaños y corregidores. Remediad esto, que poco ha que fue Jerónimo Bosco allá y preguntándole porque había hecho tantos guisados de nostros en sus sueños, dijo que porque no había creído nunca que habia demonios de veras.»

Como Giampaolo Lomazzo el siglo anterior, Quevedo vuelve a encontrar la raíz de sus fantasías extravagantes en el sueño, comparando sus caprichos con los resultados de una suspensión de la visión de lo real, de la naturaleza. Explicación, sin duda, por vía negativa. Para llegar a ver al Bosco con los ojos con que actualmente lo miramos, ha sido necesario que desde su época pasaran el Renacimiento y el Barroco, y con este Descartes y Calderón y, con mayores motivos, el Romanticismo, Comte, Freud y los surrealistas; gracias a todo ello hemos alcanzado nuestro actual, y quizá equivocado en ocasiones, punto de vista o, mejor dicho, puntos de vista, en plural.

---

(20) Véase, como para otras de estas citas, Xavier de Salas. *El Bosco en la literatura española.* Barcelona, 1943, p. 30 y ss.

(21) Sobre este tema *cfr.* Helmut Heidenreich. «Hieronymus Bosch in some literary Context». *Journal of the Warburg and Courtauld Institutes,* 1970, p. 171-99. Heidenreich se opone a la interpretación de Salas en *op. cit.* p. 31-4.

(22) Luis Pacheco de Narváez en *Tribunal de la Justa Venganza,* citado en Francisco de Quevedo. *Obras completas,* ed. de Luis Astrana Marín. Madrid, 1932, p. 1130, de obras en verso.

(23) Francisco de Quevedo en «El alguacil endemoniado». *Obras completas, ed. cit.,* p. 144, de obras en prosa.

Si en el específico campo de la Historia del Arte, el cambio de orientación en el estudio del Bosco se debe a Max Dvořák y la llamada escuela de Viena, que vieron en el contenido espiritual el primordial centro de interés de las manifestaciones artísticas más que en las puras formas, el cambio general de dirección por parte del espectador de sus obras se debe a la teoría psicoanalítica de Sigmund Freud y al fenómeno artístico de los surrealistas contemporáneos, tan influidos por el pensamiento del psiquiatra austriaco. La investigación y el intento de comprensión de la obra del Bosco debe encaminarse, y así se ha hecho en diferentes ocasiones, a través de otras sendas: las de su contenido temático y su contenido intrínseco, explicados desde supuestos y vigencias contemporáneos del Bosco, no desde los de nuestro propio tiempo. La investigación —y su comprensión, si a ella se llega— ha de encaminarse a través del análisis iconográfico de sus motivos artísticos, facilitado por las fuentes literarias de la época y la historia de los *tipos* (temas o conceptos específicos expresados por objetos o acciones); a través del estudio de las tendencias esenciales de la mente humana, condicionadas por la psicología personal del artista y la *Weltanschauung* de su tiempo a través de la historia de los símbolos, en su sentido concreto de temas y conceptos específicos que expresan las tendencias esenciales de la mente humana (24); esto es, a través de la realidad más que de la imaginación fantástica o, dicho de otro modo, a través del uso de los métodos históricos templados, si es posible, por el sentido común (25). Pero no siempre se ha seguido este camino o no se ha mantenido el paso firme, alejado el viandante por prestar oídos a tentadoras sirenas terrestres.

La divulgación de la concepción naturalista de la vida humana en que se basa la teoría psicológica de Sigmund Freud, su planteamiento en términos de conciencia e inconsciencia/subconsciencia, sus investigaciones sobre el significado de los sueños y la simbología onírica, la dependencia en la líbido humana de la conducta del hombre de una parte y, de otra, la utilización de los surrealistas de la asociación de palabras y los «sueños diurnos» como posibles métodos de la creación artística, sugeridos por las técnicas terapéuticas de análisis, han llevado a algunos sectores de la crítica y a algunos espectadores de los cuadros

---

(24) Erwin Panofsky. *Estudios sobre iconología*. Madrid, 1972. Introducción.
(25) Erwin Panofsky. *Early Netherlandish Painting. Its Origins and Character*. Nueva York, 1971, I, p. 142; en este caso sobre la existencia o inexistencia de símbolos «disfrazados» de realidad *(disguised symbolism)* o encubiertos.

EL JARDIN DE LAS DELICIAS *(frag.)*. Museo del Prado, Madrid.

del pintor flamenco a usar esta porción de su bagaje cultural en la interpretación de la obra del Bosco.

¿Era justificable la utilización de estas metodologías en un intento de explicación y decodificación de la obra del maestro de 's-Hertogenbosch? Las únicas cualidades de su arte que invitan quizá a una interpretación psicoanalítica son su misteriosa belleza y su simbolismo «libidinoso»; sus extrañas y retorcidas torres podían ser tomadas como evidentes símbolos fálicos, sus maduras frambuesas y granadas —llenas de granos— por actos naturales de procreación, los quietos estanques y charcas que salpican sus paisajes podrían también sugerir campos en gestación. Sin embargo, no todo es sexo, ni mucho menos, en el Bosco. Puede que la aplicación de los métodos del psicoanálisis freudiano y la psicología de Carl Jung tengan un gran valor para la interpretación de las «macarrónicas» —como decía Sigüenza— obras del Bosco, aquellas que pudieran revelarnos el «hombre interior» —en otro sentido, consciente que no inconsciente— del fraile jerónimo español, pero los intentos que se han realizado hasta ahora han sido muchas veces arbitrarios y es dudoso que los secretos contenutísticos y psicológicos de las obras bosquianas puedan ser desvelados incluso por alguien versado en las dos metodologías, psicoanalítica e historicoartística.

No interesa demasiado hipotizar si Jeroen van Aken, alias el Bosco, sufría de neurosis, alucinaciones u otros desarreglos mentales producidos por uno u otro estado psicopático. Las explicaciones de las obras del Bosco, en su conjunto, proporcionadas por los psicologistas están, en principio, más lejos de la probable realidad que las suministradas por los historiadores del arte y de la cultura tardomedievales. Las decodificaciones de los símbolos bosquianos, aislados o interrelacionados, deben basarse ante todo en el estudio de las tradiciones representativas establecidas en su época, de los textos literarios concretos e ideas vivas —de forma demostrable— en el período histórico en cuestión y con los que probablemente tendría familiaridad un artista, de las posibilidades existentes de que la interpretación encaje con la posición histórica y las tendencias personales de un maestro considerado en su individualidad; esto es, más en la historia que en la potencial universalidad de un símbolo.

En cuanto al surrealismo bosquiano (como el de otros artistas considerados como surrealistas *avant la lettre*), el propio teórico del movimiento André Breton señaló alguna vez que no existía ninguna continuidad que pudiera organizarse como tradición surrealista y argüía que las visiones de los artistas contemporáneos «no podían de ninguna forma ser puestas al mismo nivel que los imaginarios seres creados por el terror religioso y escapados de la más o menos perturbada razón de un Jerónimo Bosco». Es difícil, por no decir casi imposible, imaginar a Jeroen van Aken delante de una tabla, intentando llevar a su superficie pictórica imágenes escapadas de sus sueños o extraídas —conscientemente— de su propio subconsciente, poniendo en práctica unas técnicas de creación artística consideradas en muchos casos escandalosas y antiartísticas en nuestro propio siglo XX.

A pesar de cualquier concepto romántico que podamos tener de su «surrealismo», el Bosco debe ser estudiado y entendido, en primer lugar, como un artista flamenco que responde de forma increíble a la «psicosis» de sus turbulentos tiempos, de ese otoño de la Edad Media que tan bien nos retrató otro holandés, Johan Huizinga (26). Trabajó el Bosco sobre unos supuestos totalmente distintos a los de los artistas surrealistas y con unos objetivos y fines diametralmente opuestos. Si pudiéramos hablar de surrealismo en Jerónimo Bosco, habría que decir que lo forja en el contexto de una bien definida iconografía religiosa y que sus imágenes, espontáneas o arquetípicas, han de ser vistas como parte de los esquemas propios de las composiciones religiosas tradicionales. Es en la yuxtaposición de la tradicional iconografía cristiana y sus personales imágenes «oníricas», por llamarlas de alguna forma metafórica, donde encontramos las contradicciones que hacen de sus obras un enigma, una fuente de desconcierto. Pero ¿son derivados de una asociación subconsciente las imágenes y símbolos bosquianos? ¿Son el resultado de un soñar despierto? Muchos de los símbolos e imágenes del Bosco han encontrado su explicación en fuentes históricas documentadas que abocaban a unas concretas —en idea o en forma concreta— conformaciones. Sin embargo, otros permanecen injustificados, inexplicables. No obstante, es improbable que podamos llegar a conocer los mecanismos mentales puestos por el Bosco en acción para realizar sus obras, para construir sus «grillos», sus fantásticos seres semihumanos y semianimales, semivegetales y semi-inorgánicos, seminaturales y semiartificiales. La estructura mental del Bosco permanecerá siempre como un secreto recóndito aunque podamos ir descifrando algunos de

_____

(26) Johan Huizinga. *El otoño de la Edad Media.* Madrid, 1965.

sus monstruos o quimeras; pero si estos, los decodificados, lo han sido a base de historia y trabajo intelectual minucioso y erudito, apoyado en elementos y relaciones conscientes, es difícil pensar que salieran de la mente de su autor por vía subconsciente. De hecho, como hemos visto, cuando se ha apelado en la crítica antigua al sueño, al inconsciente, ha sido como salida fácil —por negación— de lo que, al presentarse como incomprensible, no se creía consciente.

Las explicaciones de los cuadros del Bosco han partido de las interpretaciones moralísticas y didácticas más tradicionales, a lo Sigüenza, para ir enriqueciéndose e incluso siendo negadas, para regresar los críticos, de tanto en tanto y tras esas «negaciones», a las primitivas afirmaciones. Pongamos un ejemplo, quizá el más representativo del itinerario crítico de una obra del Bosco; el tríptico del *Jardín de las Delicias* y, sobre todo, su tabla central. En nuestros días se ha mantenido todavía la interpretación moralizante del jerónimo seguntino con matizaciones y, naturalmente, con cada vez mayores precisiones en cuanto a sus significados parciales, de detalle: al exterior, el mundo en el tercer día de la Creación, todavía Génesis inconcluso; en el interior, a la izquierda, la creación de Eva, origen del pecado; en la tabla central, los pecados carnales; a la derecha, el infierno como castigo del pecado. Tras la explicación global puramente moralística, se han utilizado claves parciales para interpretar su simbolismo, sobre todo el de la enigmática tabla central del tríptico madrileño. Combe (27) ha echado mano de los símbolos procedentes de la sabiduría alquímica contemporánea; Dirk Bax (28) ha desarrollado la investigación de sus símbolos «sexuales», basándose en el folklore, en los dichos, giros lingüísticos y refranes de la época; De Tolnay (29), aceptando la interpretación «moral», ha insistido en una explicación de tipo psicoanalítico, el mundo como representación del sueño humano que trata de romper con los límites impuestos al amor por la tradición y la moral entonces vigentes. Para De Tolnay, el Bosco habría utilizado una simbología de corte erótico basada en la teoría de los sueños de Macrobio, en su comentario al «Sueño de Escipión el Africano» de Cicerón y a las codificaciones y repertorios de símbolos oníricos de fines del siglo XV, como «Les songes de Daniel

(27) J. Combe. *Jérôme Bosch*. París, 1946.
(28) Dirk Bax. «Beschrijving en poging tot verklaring van Het Tuin der Onkuisheid-drieluik van Jeroen Bosch, gevolgd door kritiet op Fraenger.» *Verhandelingen d. K. Nederlandse Academie van Wetenschappen*, 63, 2, 1956, p. 1-208.
(29) Charles De Tolnay. *Hieronymus Bosch*. Basilea, 1937.

Prophète» (1482). Según este agudo e inteligente historiador del arte, el Bosco habría pretendido evocar en sus obras el resultado del sueño inconsciente del alma humana, tendiendo a reconstruir el proceso onírico de manera quizá consciente —a la inversa que el psicoanálisis, que trata de liberar del sueño sus elementos simbólicos— como un vehículo de comunicación universal entre todos los hombres y en un proceso que podríamos denominar, frente al psicoanalítico, psicosintético.

A estas interpretaciones se oponen las que ven en Jeroen van Aken un hereje o un seguidor de sectas e ideas esotéricas. Para Fraenger, el adamita Jeroen van Aken habría representado en la tabla central del tríptico del Prado el Paraíso sensual de los correligionarios adamitas, libre de prejuicios y frustraciones y en íntimo contacto con la divinidad a través del amor espiritual y físico; el Infierno se convertiría según su teoría en el purgatorio de los «heréticos» negadores de la secta de los Hermanos del Espíritu Libre (30). Wertheim-Aymés (31) transforma la tabla diestra en un purgatorio que da paso a la tabla central, el nirvana de las alegrías del amor. Tales explicaciones se basan en un mínimo de hechos documentalmente reales pero cuya importancia ha sido hipertrofiada y que, sin conexión verídica con el Bosco, son manipulados injustificadamente hasta poder ponerlos en estrechísima relación con el pintor y «poder», a partir de ellos, «clarificar» sus obras.

Durante los últimos años, tras rechazar rigurosa y fundadamente tales interpretaciones heréticas, los historiadores han vuelto a las viejas explicaciones, armados de nuevos argumentos historicistas. Peter Glum (32) ha señalado la posibilidad de descifrar la tabla central madrileña como el mundo ante el Juicio Final; Ernst H. Gombrich (33) la ha analizado como una alegoría moral de la inestabilidad, la impermanencia y la evanescencia del mundo natural, y apoyándose en el título que se le diera al cuadro en viejos inventarios (34), como una representación del mundo antediluviano, en prefiguración de la ceguera del mundo ante

---

(30) Wilhelm Fraenger. *Hieronymus Bosch: das Tausendjährige Reich.* Coburgo, 1947; ed. inglesa, Londres, 1952; ed. francesa, París, 1966.
(31) C. A. Wertheim-Aymès. *Hieronymus Bosch, eine Einführung in seine geheime Symbolik.* Amsterdam, 1957.
(32) Peter Glum. «Divine Judgment in Bosch's *Garden of Earthly Delights.*» The Art Bulletin, 1976, p. 45-54.
(33) Ernst H. Gombrich. *op. cit.*
(34) Ernst H. Gombrich. «Bosch *Garden of Earthly Delights:* A Progress Report.» *Journal of the Warburg and Courtauld Institutes,* 1969, p. 162-70. Así se titulaba la copia o réplica del *Jardín de las Delicias* que poseía en 1595 el Archiduque Alberto en Bruselas.

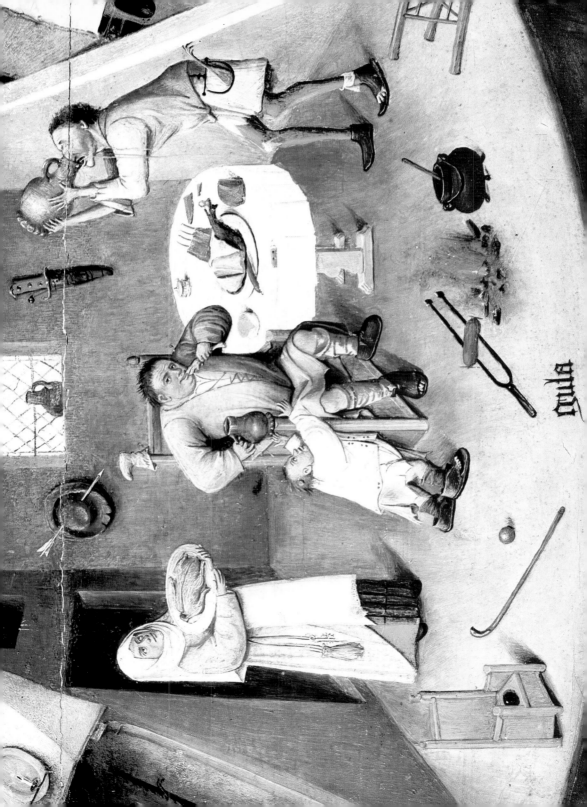

el diluvio en que consiste el futuro Juicio universal. Para Gombrich, la grisalla exterior —basándose siempre en textos bíblicos y en la «Historia Scholastica» de Petrus Comestor (siglo XII)— se convierte en una imagen del mundo «postdiluviano», anegado por las aguas como castigo a sus pecados pero en el que brilla el arco iris de la santa alianza con Dios; la tabla central representa el mundo antediluviano, *sicut erat in diebus Noe,* alegre y despreocupado, ajeno por completo a su suerte, en el que los hombres —*diluvium non timentes*— se olvidan de lo que puede suceder, de lo que indudable e ineludiblemente acaecerá; entonces, el Diluvio; después de él, el Juicio Final.

La historia de la cultura en el Flandes de 1500, la historia de la crítica de la obra del pintor, las tendencias espirituales de los clientes (ya hablaremos de ellos más adelante) y de los propietarios originales de sus cuadros (la iglesia de San Juan de 's-Hertogenbosch, la parroquia de Hocke cerca de Brujas, el monasterio de San Lorenzo el Real del Escorial, Felipe el Hermoso y su hermana la regente de los Países Bajos doña Margarita, Enrique III de Nassau, el Cardenal Grimani, el obispo de Utrecht, el pintor portugués Damião de Goes, don Diego y don Felipe de Guevara, Jean de Casembroot señor de Backerzeele, Felipe II, el prior español de la orden de San Juan de Jerusalén don Fernando de Toledo, el archiduque Alberto, en el siglo XVI), deben ser los caminos, y lo han sido en multitud de ocasiones para arribar al conocimiento de la obra del pintor de 's-Hertogenbosch.

Y, sin embargo y como ha dicho Erwin Panofsky (35), uno de los máximos conocedores de la pintura flamenca, aunque se han perforado varios agujeros en la puerta de una habitación cerrada, todavía no se ha descubierto la llave que la abra. A pesar de todos y cada uno de los diferentes agujeros abiertos en la puerta, las investigaciones sobre la exégesis escritural, el folklore flamenco, los tratados mágicos, alquímicos, astrológicos u oníricos, la llave maestra sigue sin ser encontrada. El resultado es que todavía muchos aspectos de la figura y la obra del pintor permanecen oscuros, ambiguos y equívocos, inaccesibles. Y es probable, desgraciadamente, que así permanezcan aún mucho tiempo, acaso, para siempre.

Pero por encima de los problemas de la interpretación de su obra, de sus detalles y pormenores biográficos todavía por desvelar, se levanta el

---

(35) E. Panofsky. *Early...* I, p. 357.

genio del Bosco, único, que ha hecho de él no sólo uno de los más grandes pintores del arte europeo sino también una de las fuentes de la imaginación occidental. Antes del Bosco existía un arte fantástico, simbólico, monstruoso pero nunca alcanzaría una complejidad, una intensidad, una realidad visual, una acumulación numérica y una originalidad comparables a las de nuestro artista. El eco de su pintura puede rastrearse por cauces literarios desde su época —ya hemos pasado por algunos de ellos— y, naturalmente, su eco puede seguirse en las obras de sus imitadores, copistas y maestros influidos por su obra y su imaginación portentosa. Lucas de Leyden, Quentin Massys, los Brueghel, Jan de Cock, Jan Mandyn, Peter Huys, Brouwer, Teniers, Jacques Callot, Lucas Cranach, por citar algunos de los pintores más importantes, son buen testimonio de ello.

Para nosotros, hoy en día, todavía lo fantástico viene unido en multitud de ocasiones a su nombre y vemos y reimaginamos lo fantástico, lo monstruoso, lo extravagante, lo horrible, lo sobrenatural, lo maligno y lo demoniaco con imágenes tomadas del repertorio que nos ofrecen sus cuadros. Así, desde los comentarios de Felipe II sobre los demonios de una procesión de la Lisboa de 1582, que dirigía a sus hijos por carta, «... hubo unos diablos que parecían a las pinturas de Hieronimo Box de que creo que tuviera miedo [el príncipe Felipe]... venían buenos y víanse de lexos y más parecían cosas de Hieromo Boces que no diablos. Y cierto que eran buenos, pues no eran verdaderos» (36), hasta los extraños y divertidos seres que, como si hubieran sido sacados de la paleta de un Bosco optimista y jovial, pululaban hace pocos años en la pantalla cinematográfica, durante la proyección de *The Yellow Submarine* (37).

Esta capacidad inventiva, esta prodigiosa imaginación —y no solamente de lo fantástico sino también de la representación de lo cotidiano— es lo que, por encima de todo, nos atrae, incluso por encima de lo que sus formas concretas puedan llegar a significar; la atracción, ligeramente primigenia y arcaica, de lo ininteligible pero al mismo tiempo y acaso por ello de manera más acentuada, tangible, próximo, casi real por su configuración naturalística, casi con cualidades de imágenes realmente sentidas. El Bosco, como pocos artistas, ha sido capaz de cumplimentar los dos requisitos, aparentemente contradictorios, que

---

(36) X. de Salas. *op. cit.* p. 11-2.
(37) Film de dibujos animados, dirigido por George Duning, con música de «The Beatles».

convierten una visión en una obra de arte. Por un lado, es un cumplido maestro del «naturalismo» pues solo cuando se contempla un mundo controlado por las leyes de la Naturaleza se puede tener conciencia de la suspensión temporal de tales leyes, de su supresión, que es la esencia del «milagro». Por otro lado, el Bosco es capaz de trasladar el hecho milagroso desde un nivel de factualidad a aquel de una experiencia imaginaria (38). Por ello sus visiones fantásticas —ya no sólo sus simbólicas formas pormenorizadas— cobran un valor como realidades a pesar de los «errores» de representación naturalista y las licencias poéticas que podamos descubrir en sus obras; éstas, en su conjunto, se nos presentan como tales obras artísticas, no solamente como repertorios imaginativos de simbologías misteriosas y esotéricas. Por ello sus paisajes, desolados y barridos por un aliento de destrucción, frágiles y resquebradizos como transparentes cáscaras de huevo, duros como rocas de desconocidos minerales o campiñas fecundas cuajadas de mieses, riachuelos, bosques y árboles y fantásticas o reales ciudades, se convierten también en ejemplos de la mayor belleza formal conseguida en este difícil género pictórico. Por ello sus escenas de la vida cotidiana, llenas del encanto de lo vivido y experimentado personalmente, aunque sean representaciones de vicios y pecados, nos llegan rápidamente a conmover por su carácter directo. Porque a fin de cuentas y a pesar de todos los pesares, aunque poco o nada entendamos de lo que se nos muestra ante nuestros ojos, nos encontraremos siempre ante las obras de un artista indescifrable e incomprensible; sí, pero también grandioso y genial, completamente excepcional. La forma prevalece sobre la información que pueda una pintura suministrarnos y esto es lo que hace de una pintura, como de cualquier otra manifestación «estética», una obra de arte.

---

(38) Erwin Panofsky. *The Life and Art of Albrecht Dürer.* Princeton, 1971, p. 55-6.

II
JEROEN VAN AKEN, ALIAS BOSCH

Sobre la figura de Jeroen van Aken, sobre el hombre que firmara sus obras pictóricas como Jeronimus Bosch, es muy poco lo que sabemos con certeza. A pesar de la ingente búsqueda de datos biográficos que sobre su persona se ha llevado a cabo en los archivos de su ciudad natal (y que han proporcionado *noticias* por lo menos hasta 1967) (1), el reducido número de datos documentales que poseemos de su vida aleja a nuestro hombre real, por completo, de la imagen compleja, misteriosa, torturada y tortuosa que podría ser el reflejo de su persona en el espejo de su obra artística. Para aquellos que esperaran una biografía del pintor acorde con lo que nos presentan sus cuadros, a primera vista, la realidad ha de ser necesariamente una decepción, pues en su vida personal y privada el único elemento misterioso es el que se deriva de nuestra propia falta de conocimientos.

Jeroen van Aken nació en 's-Hertogenbosch (Bois-le-Duc, Bosque Ducal) el 2 de octubre de 1453 si nos atenemos a la propuesta que se derivó de las investigaciones de Mosmans (2). Tradicionalmente se venían aceptando como fechas límite de su nacimiento los años de 1450 y 1455 e, incluso, de 1460. Aunque Mosmans no ha dado pruebas evidentes que confirmen su propuesta cronológica, hasta hoy en día no se han publicado elementos documentales que vengan a contradecir y refutar su datación. Es posible si su apellido tuviera un origen topográfico, si fuera un topónimo, que su familia procediera de Aquisgrán pero, si esto es cierto, al nacer Jeroen en la villa brabanzona esta estaría ya desvincu-

---

(1) P. Gerlach. «Jeronimus van Aken alias Bosch en de Onze Lieve Vrouwe-Broederschap.» *Bijdragen bij gelegenheid van de herdenkingstentoonstelling te 's-Hertogenbosch,* 1967, p. 48-60. «Studies over Jeronimus van Aken (alias Bosch).» *Spiegel der Historie,* 1967, p. 587-98 y p. 623-70.

(2) J. Mosmans. *Jheronimus Anthoniszoon van Aken alias Hieronymus Bosch.* Hertogenbosch, 1947.

lada, desde hacía ya tiempo, de la antigua capital carolingia, pues la instalación de los van Aken en 's-Hertogenbosch dataría entonces de varias generaciones atrás. Su abuelo paterno, Jan van Aken, desarrolló su actividad artística conocida en esta ciudad; allí también transcurriría la vida tranquila de sastre de su abuelo materno.

La dedicación artística, aunque lindante con los márgenes de lo artesanal, de su abuelo Jan debió marcar en buena medida la existencia de sus descendientes. Artistas debieron ser asimismo el padre de Jeroen, Anthonis van Aken, y dos de sus tíos, Goossen y Thomas. Jeroen tuvo cinco hermanos, Anthonis, Jan, Katherine, Heberta y Goossen; este último heredaría el taller paterno y, por lo tanto, debería ser considerado como primogénito o, por lo menos, de mayor edad que Jeroen y dedicado posiblemente también a una actividad artística.

Sobre la niñez y adolescencia del Bosco no tenemos noticia alguna. Tampoco la poseemos, desgraciadamente, sobre su aprendizaje artístico. Sin conocer a ningún maestro en cuyo taller aprendiera el oficio de pintor ni poseer prueba alguna sobre una hipotética ausencia de su ciudad natal, producto de una formación realizada fuera de 's-Hertogenbosch, no nos queda otra alternativa que conjeturar, por otra parte de forma bastante lógica, su probable aprendizaje en el taller de su padre o en el de alguno de sus tíos, dado que su abuelo Jan había fallecido al año del nacimiento de nuestro pintor. Así pues, ya volveremos sobre ello, el aprendizaje del artista debió tener lugar lejos de los centros artísticos flamencos de la época, en un ambiente provincial y provinciano que se mantenía al margen del desarrollo innovador de otros centros como Bruselas, Brujas o Haarlem. Hacia 1480 ó 1481 debió obtener el Bosco el grado de maestro dentro de la organización jerárquica de su gremio. De hecho el 3 de enero de 1481 aparece *Jeronimus pictor* firmando como tal un documento público, entregando a su hermano Goossen parte de una casa de 's-Hertogenbosch, situada concretamente en la *Grande Place,* la plaza mayor o del mercado de la ciudad de Brabante. Sin embargo, algunos historiadores, al carecer de noticias sobre un gremio de pintores en su ciudad natal ni aparecer el Bosco denominado como «maestro», han dudado de que Jeroen alcanzara nunca este grado «académico» y de que su actividad artística estuviera enmarcada dentro de una organización jerarquizada y de marcado carácter institucional y económico como la gremial.

Los tres primeros documentos en los que aparece Jeroen, todos pertenecientes a la octava década del siglo y anteriores por lo tanto al de

1481 antes citado, son de contenido similar; el tercero, sin embargo, presenta ya un tono ligeramente distinto. El primero, del 5 de abril de 1474, nos muestra a Katherine, sus hermanos (entre ellos Jeroen) y su padre interviniendo en una transacción económica, relativa al traspaso de un pequeño lote de terreno. En el segundo, del 26 de julio de 1474, Anthonis y su hijo suscriben una obligación de pago a un tal Jan Goyart Noyen. En el tercero, de fecha incierta entre 1475 y 1476, Anthonis y sus hijos hacen acto de presencia en la adjudicación de un retablo para la cofradía de Nuestra Señora de 's-Hertogenbosch al escultor Adrian van Wesel. Este es, pues, el primer documento en el que el Bosco aparece vinculado a la vida artística de su ciudad, testigo de un contrato de escultura que suscribe otro artista. En 1481, o quizá en 1480, el Bosco (*Jeroen de maelre,* Jerónimo pintor) firma un nuevo documento, relativo a su actividad artística; adquiere el Bosco dos compartimentos del viejo retablo de la cofradía de Nuestra Señora que su padre había dejado sin pintar.

Por estas mismas fechas el Bosco aparece por primera vez como casado con Aleyt, hija de Goyart van de Mervenne, con la que podría haber contraído matrimonio en torno a 1478. Aleyt había nacido en 1453 y era hija de Goyart, llamado Brandt, y de Postellina, hija a su vez de un boticario y que había fallecido en 1472. El suegro de Jeroen era un hombre de buena posición social y económica y Aleyt aportó como dote al matrimonio unos terrenos en Oirschot. Sabemos que Jeroen tuvo que ocuparse varias veces de estas pequeñas propiedades fundarias ya que intervino en diferentes ocasiones en operaciones financieras por su causa, o por otras cuestiones económicas referentes a bienes de su esposa; así lo vemos en 1482 (11 de abril), 1483 (3 de enero y 21 de marzo), en 1487 (29 de diciembre), 1488 (1 de octubre), 1492 (7 de febrero), 1494 (6 de marzo) y 1498 (17 de mayo y 30 de julio). Estos pequeños negocios —quizá grandes para la pareja— traerían como consecuencia algunas disputas familiares, entre el matrimonio y Goyart van de Mervenne. Sus propiedades fundarias se vieron, por otra parte, acrecentadas en 1484 gracias a la herencia de su cuñado Goerdt, una pequeña parcela de tierra conocida como *ten Roedenken,* también en Oirschot. También poseían el Bosco y su mujer propiedades urbanas pues en 1488 (23 y 26 de febrero) vendían una pequeña casa de su pertenencia en la *Scilderstraetke* (la calleja de los pintores) y en 1507/8 tenían que pagar tributo como dueños, o quizá solamente inquilinos, de una casa en la *Grande Place* de 's-Hertogenbosch, impuesto motivado por la guerra contra el ducado de Güeldres.

A tenor de los impuestos que pagó a lo largo de su vida y de lo que representaría tener en su casa dos criadas (según nos comunica un documento de 1510), la posición económica de Jeroen van Aken debió ser holgada y el Bosco trabajaría hasta su muerte —y, sobre todo, a partir de su matrimonio— libre de los problemas de índole económica que tan frecuentemente asediaron a los artistas, no solamente de su época. Esta situación económica desahogada y su posición social elevada a través de su matrimonio quizá le permitieran ejercer una actividad más libre e independiente que la de la media y le dieran la posibilidad de expresar sus ideas, en relación con la Iglesia y otros estados de la sociedad contemporánea, no siempre completamente ortodoxas y la mayoría de las veces crítica, de una forma que habría quedado vedada o limitada de no haberse encontrado inmerso en esta precisa circunstancia personal.

Si su familia de artistas y su matrimonio con Aleyt son dos factores importantes en el desarrollo vital del Bosco, también lo es su relación con una institución religiosa de 's-Hertogenbosch, a la que ya hemos visto vinculado al pintor desde 1475/6. Nos referimos a la Cofradía de Nuestra Señora *(Lieve Vrouwe Broederschap)* de la actual catedral de San Juan, entonces todavía con categoría de colegiata nada más, institución piadosa que es el centro de la biografía de nuestro artista. Jeroen van Aken ingresó en la hermandad de nuestra Señora en 1486 ó 1487 y de ella formaría parte hasta su muerte. El Bosco intervino activamente en la vida de esta cofradía y aparece en varias ocasiones citado en los documentos conservados de su viejo archivo (por ejemplo, aparece registrado como miembro los años de 1488, 1489, 1493, 1498, 1503, 1508 y 1512). Sabemos también que en 1487 ó 1488 entregó una suma de dinero a la hermandad y que este último año presidió el «banquete del cisne» que celebraban regularmente los cofrades, comida que repetiría en 1498 ó 1499. En 1510 (concretamente el 10 de marzo) Jeroen recibía en su casa a los miembros de la cofradía para ofrecerles una comida con ocasión de los funerales del caballero y cofrade Jan Backx. También trabajó el Bosco en diversas oportunidades en la decoración de la capilla que la hermandad poseía en la colegiata e, incluso, realizó algunas obras menores por encargo de alguno de sus miembros.

La cofradía de Nuestra Señora, fundada en 1318, parece haber sido una más de las innumerables cofradías y hermandades de índole religiosa que han existido en el mundo cristiano medieval y moderno; algunas de origen gremial, otras surgidas en torno a una especial devoción, se dedicaban a promover la vida religiosa de sus miembros y a encauzar y fomentar las acciones piadosas y caritativas de sus integrantes. Así, la cofradía de Nuestra Señora centraba su actividad en el siglo XV en obras de caridad, después de casi un siglo de vida en el que la principal misión de la hermandad había sido tareas relacionadas con el culto, en especial con el culto mariano bajo cuya advocación y protección se había creado. Este cambio de orientación o, por lo menos, intensificación de este tipo de actividades debió ser el resultado del influjo de los Hermanos de la Vida Común, congregación que ha sido frecuentemente citada como hipotética fuente de inspiración de la religiosidad de Jeroen, bien a través de su propia cofradía, del contacto personal con los Hermanos o, menos directamente, por medio de las obras literarias de la mística flamenca contemporánea que comulgaban y habían infundido, de hecho, su espíritu en la religiosidad especial de los llamados «jeronimitas».

Esta congregación de la Vida Común había sido fundada en 1381 por Geert Groote (1340-1384), discípulo del eremita y místico Jan van Ruysbroeck (1293-1381) y uno de los iniciadores de la nueva corriente espiritualista cristiana que se ha denominado la *devotio moderna*. Hacia 1500 existían en los Países Bajos alrededor de ciento quince comunidades «jeronimitas»; dos de ellas se habían asentado en 's-Hertogenbosch a lo largo de la centuria (en 1424 y 1480), en una de las cuales residiría durante tres años el luego universalmente conocido humanista Erasmo de Rotterdam, el holandés que tan importante papel desempeñaría en la vida religiosa europea de comienzos del siglo XVI. Los Hermanos de la Vida Común difundían un nuevo espíritu de vida religiosa, implicada por una parte en la lucha contra las sectas heréticas que florecían en Flandes y, por otra, en la batalla contra la corrupción interna del clero, tanto regular como secular. Para ellos, un mundo convertido en teatro de pecado y herejía estaba menesteroso de una unión más pura e íntima, personal, interiorizada con Dios; aunque ello conllevara el situarse fuera del ámbito de la iglesia oficial o de las órdenes religiosas tradicionales. Su actitud era claramente reformista; tras la reforma luterana, llegaron a ser vistos como «prerreformistas», «preluteranos» y, a veces, confundidos sus seguidores, como muchos de los erasmistas españoles, con verdaderos protestantes.

Sin embargo, es indudable el contraste, casi la oposición, existente entre la obra fantástica, compleja y torturada del Bosco y la piedad serena, simple e intimista sostenida y predicada por los partidarios de la

CORONACION DE ESPINAS *(frag.)*. National Gallery, Londres.

devotio moderna, que predicaban y propugnaban el amor a Dios puro y simple, la contricción más que la atricción a la que nos invitan los cuadros bosquianos. Si la obra de un artista debe reflejar el hombre que hay detrás de ella, no parece posible que podamos identificar al autor de tantas visiones infernales con un «devoto moderno» que tuviera como libro de cabecera el texto más representativo de esta corriente, la «Imitatio Christi» de Thomas de Kempis (ca. 1379-1471).

Pero si un sector de la crítica de la obra del Bosco ha visto en la participación de Jeroen en la vida de la cofradía de Nuestra Señora, influida por los Hermanos de la Vida Común, un Bosco preluterano, preocupado por instaurar una nueva forma de existencia cristiana en el mundo y por combatir a los seglares y clérigos de su tiempo, otros sectores han llegado a presentar de él una imagen antípoda o, como veremos, varias imágenes totalmente opuestas a la primera.

Estas nuevas imágenes coinciden entre sí en mostrarnos un Bosco heterodoxo desde un punto de vista religioso y eidético, incluso herético: un Bosco neoplatónico, un Jeroen miembro de la secta de los rosacruces —seguidores de la doctrina de Christian Rosencreuz (muerto en 1484, pero cuya estela ideológica no es remontable antes del siglo XVII)— (3), un pintor «adamita» o, por lo menos, al servicio de la secta de los adamitas. De todas estas, es la última teoría la que mayor impacto ha tenido en la historia de los estudios bosquianos, aunque hoy la mayoría de los críticos la hayan rechazado básicamente, aun cuando no hayan despreciado elementos aportados por sus defensores en el análisis pormenorizado de la simbología del Bosco.

Wilhelm Fraenger (4), el más conocido e ilustre de los amigos del Bosco «adamita», levantó su interpretación de la obra del pintor brabanzón sobre la hipótesis de una estrecha relación entre éste y la secta de los *Homines Intelligentiae,* organización satélite de la herejía clandestina de los Hermanos y Hermanas del Espíritu Libre, también conocidos con el nombre de adamitas. Esta herejía, condenada por el propio Ruysbroeck hacia 1330, había aparecido en el siglo XIII para difundirse ampliamente durante el siglo XV por Alemania y los Países Bajos especial-

---

(3) C. A. Wertheim Aymès. *Op. cit.*
(4) W. Fraenger. *Op. cit.* W. Hollmann. «Eine Deutung des Bildes.» *Das Steinschneiden. Psyche, eine Zeitschrift für Tiefenpsychologie und Menschenkunde,* 5, 1951, p. 385 y ss.

ECCE-HOMO. Stadelsches Museum, Frankfurt.

mente. Sin embargo, a fines de este siglo su campo de acción parece haberse restringido de forma considerable y no se tienen noticias de su existencia en la zona de Brabante durante la vida de Jeroen van Aken.

Los Hermanos del Espíritu Libre basaban su doctrina en la creencia apriorística de que tanto el bien como el mal dependen de manera exclusiva de la voluntad divina (negación absoluta del libre albedrío sostenido por la ortodoxia cristiana, la escolástica filosófica y el posterior catolicismo trentino) y de que, por lo tanto, el hombre no puede merecer la vida eterna por sus propios méritos. La humanidad, en consecuencia, estaba destinada a la salvación eterna y la existencia del infierno era, más que una pura entelequia, una fábula. Para los adamitas, la represión del pecado (predestinado a producirse) era peor que el mismo pecado; no existía la resurrección de la carne; la predicación, los sacerdotes y la penitencia sacramental eran pura pérdida de tiempo si no imposiciones interesadas del clero. El acto sexual, en otro orden de cosas, era según sus ideas un placer paradisiaco y una mujer desflorada no tenía nada que envidiar a una virgen ni debía sentirse por debajo de ella en méritos o estimación. La unión del placer y el amor, sensual y espiritual, era el mejor de los medios para restablecer la perdida inocencia del Edén, la originaria identidad hermafrodita del Adán que contenía todavía en sí mismo a Eva y, con ella, el principio femenino; del Adán que todavía no había perdido, en manos divinas, su costilla. De este anhelo de primigenia inocencia, anterior incluso a la aparición de Eva en el mundo paradisiaco y la caída y expulsión del Paraíso, se derivaría su culto de Adán y de ahí su denominación de «adamitas». De esta inocencia, de la identidad bisexual última de Adán manaría la redención del género humano y el nuevo paraíso.

Estas ideas han llegado hasta nosotros a través de las actas de un proceso que, en 1411, tuvo lugar ante el tribunal del obispado de Cambrai y en el que prestó declaración un tal Aegidius Cantor, laico y analfabeto personaje. No hay dudas sobre la existencia de tal secta herética en la Baja Edad Media germano-flamenca pero sí las hay sobre la organización en una secta en sentido estricto, en una congregación organizada de creyentes; no hay testimonios sobre la existencia de grados —novicios, iniciados, maestres— entre sus adeptos ni de que éstos utilizaran un lenguaje y unas prácticas litúrgicas de tipo esotérico. Tampoco se tienen noticias de la localización de adamitas en la comarca de 's-Hertogenbosch durante la vida del Bosco.

A falta de cualquier documentación que sirva de apoyo a tal tesis, es difícil aceptar tal teoría (5). No nos permite justificar las diferencias, evidentes a todas luces por otra parte, que existen entre las obras del Bosco de temática religiosa y sus grandes trípticos, basándonos solamente en un diferente tipo de encargos; por un lado, las primeras las habría realizado nuestro pintor para una clientela eclesiástica (6); por otro, los segundos para la secta del Espíritu Libre. En éstos, el elemento herético se habría camuflado en un bosque de extravagancias fantásticas que equivocaran al espectador no iniciado o, por su ambigüedad significativa, pudieran ser interpretadas por los profanos como obras ortodoxas.

Sin embargo, a falta de un documentado conocimiento (ya hablaremos de ello) de los clientes del pintor, Fraenger identificó originalmente al hipotético Gran Maestre de los adamitas, patrón y mentor espiritual del Bosco, con un hipotético italiano diestro en todas las artes derivadas del neoplatonismo florentino. Con posterioridad (7), lo relacionó con un personaje tangible, histórico y con quien probablemente Jeroen van Aken estuvo en contacto directo. El nuevo Gran Maestre habría sido el hebreo Jacob de Almaengien. Este había sido bautizado en 's-Hertogenbosch en 1494 (en presencia del duque de Borgoña, Felipe el Hermoso, el futuro Felipe I rey de España al haber desposado a doña Juana la Loca) y, desde esta fecha y bajo el nuevo nombre de Philippe van Sit Jans, fue también miembro de la cofradía de Nuestra Señora, para terminar volviendo a la fe judaica diez años más tarde. A pesar de la encarnación del Maestre adamita en una persona históricamente de carne y hueso, no existen pruebas que lo unan a la secta herética ni tampoco que nos lo presenten como poseedor de la serie de conocimientos esotéricos que habría transmitido al pintor.

De todas formas, lo más seguro es que el Bosco y Philippe van Sit Jans se conocieran y se trataran con mayor o menor asiduidad. En el dos veces renegado sí podemos ver una fuente de conocimientos de

---

(5) D. Bax. *Ontcijfering van Jeroen Bosch*. La Haya, 1948 y «Beschrijving en poging tot verklaring van Het Tuin der Onkuisheid-drieluik van Jeroen Bosch, gevolgd door kritiek op Fraenger». *Verhandelingen d. K. Nederlandse Academie van Wetenschappen,* 63, 2, 1956, p. 1-208. J. Mosmans. *Jheronimus Bosch: Maria en Sint Jan, unbekend en laat schilderwerk bewaard in zijne vaderstad.* Hertogenbosch, 1950.

(6) O privada de carácter religioso ortodoxo.

(7) W. Fraenger. *Op. cit.* y «Hieronymus Bosch: *Der verlorene Sohn*». *Castrum Peregrini,* 1, Amsterdam, 1951, p. 27-39.

nuestro pintor, conocimientos, sin embargo, mucho menos esotéricos y fantásticos que los que se le han supuesto. Jacob de Almaengien pudo haber sido fuente, incluso parcialmente responsable, de la indiscutible familiaridad con que el Bosco trataba y manejaba materiales procedentes de leyendas y costumbres judías (8).

Otro miembro de la cofradía de Nuestra Señora con el que el Bosco debió trabar amistad y que pudo influir sobre él es el escultor y arquitecto, Allaert de Hameel. Este artista, que grabaría algunas obras del pintor, como un *Juicio Final* y un *Elefante en Batalla,* formó parte de la hermandad durante su estancia en 's-Hertogenbosch, prolongada entre 1478 y 1494. En este período de tiempo Allaert dirigió las obras del ala meridional del crucero de la colegiata de San Juan y comenzó las de la nave central. Las figuras grotescas y demoniacas de los arcos rampantes que se elevan sobre el coro del edificio, de sus arbotantes, algo por otra parte normal en la decoración eclesiástica medieval desde el prerrománico, se han aducido varias veces como una de las posibles fuentes de inspiración de nuestro pintor.

Otro aspecto de la vida del Bosco sobre el que nos proporcionan valiosas noticias los documentos contemporáneos, aunque por desgracia menos de las necesarias, es el de su obra. Así, su primera obra documentada (y hoy perdida aunque conocida a través de copias) serían los exteriores de las tablas laterales del tríptico de la capilla de la cofradía de Nuestra Señora, decorados con el episodio bíblico de *Abigail y David.* Sabemos que el escultor Adriaen van Wessel de Utrecht había trabajado en el panel central entre 1475/6 y 1477 y que en 1480/1 el propio Bosco adquirió dos tablas del viejo retablo de la hermandad, tablas que su padre había dejado sin pintar. Entre 1488 y 1492 Jeroen van Aken se dedicó a la pintura de las alas exteriores, que serían añadidas en 1488/9 por Goyart Cuper. Las caras internas, con *Salomón y Betsabé* como tema iconográfico, fueron historiadas entre 1521 y 1523 por el artista Gielis van Hedel de Bruselas, llamado van de Bosch y que se ha pensado fuera pariente o seguidor del Bosco (9). Sin embargo también se ha especulado, con bastante razón (10) con que las caras

(8) Véanse algunos de estos conocimientos en Lotte Brand Philip «The Prado *Epiphany* by Jerome Bosch». *The Art Bulletin,* XXXV, 4, 1953.

(9) M. J. M. Ebeling. «Jheronimus van Aken.» *Miscellanea Gessleriana.* Amberes, 1948, p. 444-57.

(10) Charles De Tolnay. *Hieronymus Bosch.* Baden-Baden, 1965 (sobre su obra de Basilea, 1937).

internas fueran asimismo obra del pintor de 's-Hertogenbosch y que van Hedel se limitara a una restauración y repinte de las tablas. De todas formas, las cuatro escenas originales se han perdido.

Su siguiente obra documentada data de 1493/4. El 7 de febrero de uno de estos dos años, Jeroen aceptó realizar un dibujo sobre lienzo, como modelo para una vidriera de la capilla de su hermandad, que debería pasar al cristal el vidriero Henricken Bueken por estas mismas fechas. De diez años más tarde, hacia 1503/4 data un pago de la cofradía al Bosco para que éste pintara o reprodujera tres enseñas encargadas por el caballero Jan Backx, Heinrich Massereels y Lucas van Erpe.

El encargo siguiente de los documentados, de 1504, es de mucha mayor importancia. Según un documento de los archivos de Lille (Francia), el Bosco recibió en aquella fecha treinta y seis libras a cuenta de un cuadro (de 9 por 11 pies en cuanto a sus dimensiones) del *Juicio Final,* con Paraíso e Infierno, cuadro encargado por Felipe el Hermoso *«pour son très-noble plaisir».* El paradero del tríptico que se abonaba en septiembre de 1504 es desconocido aunque se ha supuesto que se tratara del *Juicio Final* de la Akademie de Viena o, con mayor fundamento, que parte de él sean los fragmentos del *Juicio* de la Alte Pinakothek de Munich (11).

Otra intervención del Bosco tuvo lugar en 1508/9. Los priores de la cofradía de Nuestra Señora, una vez más, pidieron consejo a nuestro artista y al arquitecto de su capilla Jan Heynste (o Heyns) sobre la forma de dorar y policromar el retablo, invitándoles a informar del resultado final del trabajo, una vez concluido por artistas cuyos nombres desconocemos. En 1511/2 Jeroen diseñó una cruz o crucifijo como modelo para una imagen de barro cocido, encargada también por la cofradía. Por último, en 1512/3, el Bosco realizaba un nuevo modelo, con idéntico destinatario final, esta vez para un candelabro que debía fundirse en bronce.

---

(11) De Tolnay supone que el tríptico de Viena fuera modelo o copia antigua del retablo encargado por Felipe el Hermoso basándose, entre otros datos, en la aparición de Santiago de Compostela (junto a San Bavón) en una de las grisallas exteriores. Felipe, rey de Castilla desde la muerte de Isabel la Católica, podría haber señalado esta iconografía del santo patrón hispano como homenaje a su mujer, la reina doña Juana la Loca, y al país sobre el que iba a reinar y donde, al poco tiempo, debería fallecer.

Otra obra, para la que Jeroen van Aken debió dar por lo menos el diseño y que sería probable encargo de la colegiata de 's-Hertogenbosch, es la compuesta por dos lienzos con la *Virgen y el Niño* y *San Juan Evangelista* que se conservan actualmente en la catedral de esta ciudad. Estuvieron adosados a las puertas de un reloj de gran tamaño, fechados en 1513 y presentaban las inscripciones, quizá apócrifas, «*ISB*» y «*Bosch delineavit et p[in]xit*». A pesar de esta leyenda y de su mal estado de conservación, se ha pensado que se traten de obras de taller, ejecutadas sobre un modelo proporcionado por el maestro.

Aunque puedan parecer extraños algunos de estos encargos, dado su carácter menor (un reloj, un candelabro, una imagen, etc.) y la importancia que para nosotros posee el pintor, esta práctica era corriente en la época. Cualquiera que esté someramente familiarizado con las actividades de los pintores medievales y modernos en su conjunto, no sólo con sus grandes obras que se conservan en los museos, conocerá innumerables casos de egregios artistas ocupándose de obras de mínima categoría e importancia artística.

Por otra parte, nos habla también de encargos (aunque no documentados o protocolizados sus contratos o pagos) realizados por el Bosco, la aparición de donantes retratados en sus cuadros o, en algún caso, de escudos heráldicos que nos informan de la familia noble que actuara como cliente del pintor. Nos encontramos, pues, con obras encargadas por una clientela laica, de carácter privado aunque se traten de cuadros de temática religiosa. Aunque no se conservan muchas de estas obras, las que han llegado hasta nosotros nos dan buena idea del ambiente contractual, completamente normal, en el que el Bosco se movía y, también, de que estos encargos cubren, desde un punto de vista cronológico, casi toda la vida activa del artista. Poseen o poseían donantes obras tempranas como *Las Bodas de Caná* de Rotterdam (1475/80) el *Ecce Homo* de Frankfurt (1480/5, con las figuras canceladas pero que nos las delatan algunas de las inscripciones de la tabla) o la *Crucifixión* de Bruselas (1480/5). De fecha tardía son obras como el retablo veneciano de *Santa Julia* (1500/4, con las figuras borradas y repintadas pero visibles con la ayuda de los rayos X), el *Juicio Final* de Viena (después de 1504 (?), con escudos en blanco en las grisallas exteriores) o el tríptico de la *Epifanía* de Madrid (ca. 1510). Los donantes retratados en las alas de este retablo han podido ser identificados como Pieter Bronckhorst e Inés Bosshuyse (serían parientes suyos los que aparecen en la

grisalla externa). También han sido reconocidos como miembros de la familia van Oss, de 's-Hertogenbosch, los orantes del *Ecce Homo* de Boston. En esta obra discutida (su datación es problemática y existen críticos que la consideran obra de taller) aparece, curiosamente, el emblema de la «lis entre espinas» característico de la cofradía de Nuestra Señora. Como ya hemos visto, no sólo la hermandad de la iglesia de San Juan actuaba como institución como cliente del pintor sino también algunos de sus miembros con carácter privado. Ya hemos hablado asimismo de los antiguos propietarios de algunos de los cuadros del Bosco que pudieron haber sido también sus clientes más o menos directos.

Tras haber recorrido el itinerario biográfico de Jeroen van Aken sobre las noticias proporcionadas por la documentación, nos enfrentamos con la existencia de un período en blanco. Entre 1499 y 1503/4 aparece un vacío documental no menos extraño por el escaso número de documentos que sobre el Bosco conocemos. Desde luego, no se trata de la única laguna en su biografía; otras son las de 1477/80, 1484/6, 1489/91, 1505/6 y 1514/5. Sin embargo, la de 1500-1503/4 ha llamado más poderosamente la atención. Termina este período en blanco con el más importante contrato conocido de toda la vida del artista, el retablo para el duque Felipe el Hermoso, por una parte; por otra, marca el inicio de lo que se han considerado influencias italianas en la obra bosquiana e influjos bosquianos en el arte italiano. En tercer lugar, a partir de 1504 la documentación flamenca comienza a añadir a su nombre Jeroen van Aken su alias, Bosch, Jheronimus Bosch, forma toponímica abreviada que había empleado ya como firma de algunas de sus obras. Esta utilización del toponímico ha sido interpretada como el resultado de un viaje al extranjero, concretamente a Italia (12) y, en particular, a Venecia. Allí aparecen en fecha muy temprana obras del artista de `s Hertogenbosch y los influjos italianos en su obra parecen proceder del arte véneto, como veremos más adelante, o de artistas noritalianos cuya presencia en la ciudad de la laguna está documentada por estas mismas fechas iniciales de la centuria; es el caso, el más importante, de Leonardo da Vinci, en cuyos dibujos aparece un mundo de caricaturas, de estudios fisiognómicos e incluso de pequeños monstruos pseudoantropomorfos que pudieron ser resultado de un influjo del arte del pintor flamenco o, por contra, una fuente para nuestro artista. Otro elemento aducido en

---

(12) Leonard J. Slatkes. «Hieronymus Bosch and Italy.» *The Art Bulletin,* 1975, p. 335-45.

pro del viaje transalpino es el tríptico de *Santa Julia* de Venecia (13), obra fechable entre 1500 y 1504.

El retablo del Palazzo Ducale de Venecia, en Italia por lo menos desde hace un par de siglos, recoge —de confirmarse, como parece, su tema— en su tabla central la escena de la crucifixión de una santa, Julia, de devoción muy frecuente pero localizada en dos zonas de la península itálica y sus islas: Córcega y Brescia, sobre todo en esta última ciudad del valle del Po. El reciente descubrimiento de dos donantes, posteriormente repintados y sustituidos por dos figuras, en las tablas laterales, vestidos en origen según la moda italiana, junto con algunos pormenores estilísticos, han hecho pensar que este tríptico no sólo fuera realizado por el Bosco para unos clientes italianos y para su lugar de origen sino que fuera pintado en la propia Italia. Aunque hasta el momento actual el viaje transalpino del Bosco —como cualquier otro desplazamiento dentro de los límites de los Países Bajos— no pasa de ser mera hipótesis, no obstante, este viaje, por otra parte no sin precedentes entre los artistas flamencos del siglo xv (14), permitiría explicar una serie de características iconográficas y formales del arte del pintor hasta ahora sólo en parte justificables.

Pocos datos más pueden añadirse para completar la biografía documentada de Jeroen van Aken (15), si exceptuamos su fallecimiento. El Bosco debió morir pocos días antes del 9 de agosto de 1516, dado que en esa fecha se celebraron solemnes exequias, en la capilla de la colegiata de `s-Hertogenbosch, por el «difunto hermano Gerónimo de Aquisgrán, alias Bosch, pintor insigne»; esta noticia de archivo nos habla de la alta consideración de que había gozado Jeroen entre sus compañeros de la cofradía de Nuestra Señora y, suponemos, entre todos sus conciudadanos.

Con la muerte del Bosco acababa la realidad y se iniciaba la leyenda sobre su personalidad, carácter legendario apuntado ya en los textos de sus primeros biógrafos Felipe de Guevara (ca. 1560/2), D. Lampsonius

---

(13) Para otros historiadores y estudiosos de la obra bosquiana no se trataría del martirio de esta santa portuguesa sino del de Santa Liberata, *Virgo Fortis,* Ontcommer u Oncomer. De confirmarse esta iconografía, la hipótesis del viaje a Italia perdería uno de sus más importantes puntos de apoyo.

(14) Otros artistas flamencos que viajaron a Italia habrían sido Roger van der Weyden, Justo de Gante y, probablemente, Hugo van der Goes.

(15) Sabemos también que Jan van Aken, hermano de Jeroen, murió en 1498/9.

TENTACIONES DE SAN ANTONIO *(frag.)*. Museo del Prado, Madrid.

(1572) o Carel van Mander (1604) (16) y que se mantendría prácticamente vivo hasta fines del siglo pasado y que permanece latente todavía hoy. Pero volvamos sobre los datos que nos han suministrado los archivos, las únicas noticias seguras de que disponemos en la actualidad.

Jeroen van Aken se nos presenta como un hombre cuya vida transcurre de manera completamente normal, pausada, tranquila, quizá incluso monótona en un hogar sin hijos, sin problemas pecuniarios, al lado de su esposa, entre el trabajo del taller y las pías reuniones de su devota y prestigiosa cofradía de Nuestra Señora. Alejado, acaso, de los ajetreos de viajes más o menos prolongados, siguiendo una vida rutinaria, atendiendo a sus obras y a sus pequeños negocios familiares en una pequeña ciudad provinciana como 's-Hertogenbosch. Sólo las hipótesis más o menos audaces han levantado en torno a su persona, como un reflejo de sus tablas sobre su autor, un velo de misterio que pone en entredicho lo poco que sabemos del artista. No existe evidencia alguna concluyente sobre su familiaridad para con los misterios gnósticos, órficos o neoplatónicos. Es difícil, a tenor de lo que sabemos sobre él con certidumbre, pensar en el Bosco, un mirado ciudadano de una pequeña ciudad provinciana y durante treinta años miembro intachable de una cofradía religiosa furiosamente respetable, como una persona que pudiera haber pertenecido —y haber trabajado para él— a un *club* esotérico de herejes que creían en una mezcla de sexo, iluminación mística y nudismo. Como ha señalado Erwin Panofsky (17), el Bosco se nos aparece más que como un herético como uno de esos extremados moralistas que, obsesionados con los que combaten, están fascinados, no sin algún agrado, por visiones de inauditas obscenidades, perversiones y torturas. El pintor favorito de Felipe II —con Tiziano— quizá pudo haber experimentado mayor satisfacción viendo arder en la hoguera a una atractiva herética que en unirse a ella en su ascensión a una paradisíaca felicidad; si acaso, «como el propio Felipe II, el Bosco pudo haber sido un caso de psicoanálisis pero no para la inquisición». Y de todas formas, incluso esta imagen más próxima probablemente a la suya real, dista de convencernos por completo. Hay elementos en su obra, y lo que puede desprenderse de su retrato del códice de la Biblioteca de la Ville d'Arras («Recueil d'Arras»), que podrían negar la existencia de un Bosco

<hr />

(16) D. Lampsonius. *Pictorum aliquot celebrium Germaniae effigies.* Amberes, 1572. Carel van Mander. *Het Schilder-Boeck.* Haarlem, 1604.

(17) E. Panofsky. *Early...* p. 357.

lleno de obsesiones, obcecado por preocupaciones sólo de orden moral y empeñado en la denuncia de la corrupción espiritual de sus contemporáneos. Su visión burlona de la vida, su humorismo, su «estar por encima», en fin de cuentas, su escepticismo, contradicen su imagen de implacable rigorista. Nos encontraríamos, quizá, sopesando en lo que valen estas sospechas, ante un hombre «de vuelta», en la actitud de algunos intelectuales desengañados, escépticos, pesimistas por intelección y optimistas por vocación.

Pero ver al Bosco como a un intelectual recluido en 's-Hertogenbosch es otro problema. Si aceptáramos, como poseídos por el pintor brabanzón, todos los conocimientos que se han aducido como fuentes «literarias» o vivenciales de su obra, no habría más remedio que llegar a la conclusión de que era un enciclopédico para su tiempo. Su familiaridad con la teología cristiana ortodoxa y la literatura religiosa antigua y medieval (desde la Biblia al «Ars Moriendi», pasando por los evangelios apócrifos y «La Leyenda Dorada» de Jacques de Voragine), fuera esta «histórica», hagiográfica, edificante o fantásticamente terrorífica (como la «Visio Tundali», entre otros textos), su conocimiento de las ciencias populares y ocultas (astrología, alquimia, demonología y brujerismos), de leyendas mosaicas, folklore indígena, sabiduría proverbial y refranera, etc., nos lo presentarían como un enciclopédico y omnisciente pintor, poseedor de una vastísima cultura. ¿Es esto posible? Cuando sólo podemos hipotizar sobre las lecturas de Jeroen van Aken (18) y algunos historiadores pretender restringir enormemente las fuentes literarias de sus obras a la Biblia (19), no tenemos respuesta a nuestra interrogante. Podemos especular, y se seguirá especulando, sobre sus conocimientos pero, hasta hoy y como ya hemos señalado, no se ha dado con la clave —o claves— que nos decodifiquen por completo y de manera satisfactoria la obra bosquiana y es difícil que pueda encontrarse.

Si la biografía de Jeroen van Aken, su vida externa reflejada en los documentos públicos de los archivos, puede haber quedado despejada de nubarrones de desconocimiento, la vida intelectual del Bosco, su vida interior reflejada por su obra, permanecerá todavía velada. Y el

---

(18) D. Bax. *Op. cit.,* p. 275 y ss. y *Hieronymus Bosch, his picture-writing deciphered.* Rotterdam, 1979, p. 360-9.
(19) E. H. Gombrich. «Bosch's Garden of Delights...», p. 162-70.

problema mayor no es el de la llave «ábrete Sésamo» que nos permita descifrar su obra, si se halla alguna vez, sino explicar los mecanismos mentales que, conscientes o inconscientes, transformaron unas fuentes literarias dadas en un espectacular despliegue de imaginación, en las obras pictóricas del Bosco. Y poner verjas a la imaginación es mucho más difícil todavía.

III

LAS FORMAS DEL BOSCO: ESTILO E ICONOGRAFIA

Si, como hemos visto páginas atrás, la formación artística del Bosco nos es desconocida y sólo podemos suponer que tuviera lugar en el taller familiar de los van Aken —por otra parte escasamente representado en cuanto a obras conservadas se refiere—, el estudio estilístico de nuestro pintor se presenta lleno de dificultades por falta de un nexo de unión entre sus obras y sus antecedentes formales más próximos, casi totalmente desconocidos. Esta única vía de conexión hipotética con otros artistas —sus tíos, su padre, su abuelo Jan van Aken— es quizá la causa de que el Bosco sea, estilísticamente considerado, lo que es: un genial arcaico en su propio tiempo. ¿Por qué? ¿A causa de su aislamiento en su pequeña ciudad natal de Brabante? ¿A causa de su vinculación con artistas tradicionales? ¿A causa de su propio desinterés por soluciones apartadas —o más bien, ajenas— de sus propósitos estéticos o lejanas de su intención de significado? No tenemos respuesta para ello pero es probable, tras analizar detenidamente su obra, que en estas tres causas se encuentre la explicación de algunos de los rasgos de su quehacer artístico. Pero al mismo tiempo, Jeroen van Aken nos presenta soluciones formales —quizá sobre todo en su tratamiento del paisaje, de la visión «fenoménica» de la realidad— que lo convierten en un avanzado, en un pionero aislado y marginal, en un artista de una asombrosa modernidad.

Como las operaciones de su mente, la técnica de Jerónimo Bosco es única en su medio artístico y son casi imaginarias o, por lo menos, insignificantes las conexiones que existen entre su estilo pictórico y el de los grandes —y pequeños— maestros del «primitivismo» flamenco del siglo XV. El Bosco se mantiene al margen del desarrollo de la pintura precedente de los Países Bajos meridionales, del arte que aparece alrededor de los principales centros de la escuela flamenca, Bruselas, Amberes, Brujas; lejos de los van Eyck, del maestro de Flémalle Robert

Campin, de Roger van der Weyden o de su casi coetáneo, Hans Memling. Si volvemos nuestra mirada hacia el norte, hacia los centros holandeses, neerlandeses del norte, de Haarlem y Delft —más próximos geográficamente a 's-Hertogenbosch— no hallaremos tampoco rasgos de servidumbre o dependencia artística para con Dirk Bouts, Geerten tot Sint Jans o el Maestro de la *Virgo inter Virgines* (adscrito éste por Panofsky a la órbita de Delft), aunque podamos hablar de algunas concomitancias o hallazgos y soluciones en paralelo. Igualmente ofrecerá un resultado global negativo la búsqueda de nexos y raíces en la escuela alemana, con Martin Schongauer o el Maestro E. S.

El Bosco queda aislado —aunque no totalmente desconectado—, hundiendo sus raíces en el subsuelo del arte popular o semipopular de xilografías, grabados, escultura en madera o piedra, miniaturas o iluminación de libros. Su arcaismo se inspira en las excentricidades de indumentaria del estilo Gótico Internacional de hacia 1400, en el humor fantástico de las bufonadas marginales de los manuscritos del siglo XIV y en las irreverencias de las misericordias de las sillerías de coro contemporáneas y, acaso en última instancia, en las exageraciones fisiognómicas —toscas por exceso de realidad y veracidad— del llamado *realismo pre-eyckiano* del suroeste de los Países Bajos. El Bosco tiene todo los vicios y virtudes de un ilustrador de libros y, sin embargo, no tenemos noticia de que trabajara nunca en la miniatura; a pesar de ello, en toda su obra lo narrativo desborda los límites de la pintura de caballete y tabla y frecuentemente ésta es ininteligible, como si nos faltara un adjunto texto explicativo de las imágenes, y el artista ha de recurrir a antinaturalísticas filacterias e inscripciones gráficas que aclaren su contenido, la historia representada.

Si queremos comprender al Bosco y comprenderlo a él y a su obra no sólo significa descifrar —como si de un jeroglífico se tratara— los símbolos individuales que se extienden por sus tablas, tendremos que penetrar en aquello en lo que el Bosco, de una manera casi vivencial, creía y conocía, en lo que constituía su bagaje cultural y su forma de religiosidad, su experiencia del mundo y su familiaridad con otras imágenes artísticas; en otras palabras, en el espíritu y el arte, que reflejaba tal espíritu, de su época. Para ello es necesario conocer las fuentes en que bebió o pudo beber nuestro pintor; no solamente las fuentes literarias (de las que nos ocuparemos más adelante) de las que extraería unos conceptos o unas ideas para darles vida visual en su obra, sino también

ADORACION DE LOS MAGOS *(frag.)*. Museo del Prado, Madrid.

las fuentes figurativas de las que tomaría unos motivos artísticos básicos, sobre los que su personalidad trabajaría a fin de darnos una obra personal.

Las fuentes figurativas, iconográficas, conocidas por Jerónimo Bosco son otro elemento a tener en cuenta al considerar un análisis de su estilo. Sus imágenes, su tratamiento formal de ellas, dependen por una parte de su pincel intransferible, aunque influido quizá por otras formas de expresión y otros métodos de representación de la realidad; por otra, ese estilo formal, su configuración de imágenes, depende también de estas imágenes, organizadas de manera personal o siguiendo estructuras compositivas anteriores, tradicionales, en escenas, historias y alegorías en otras palabras, en iconografías. Por ello no podemos deslindar por completo el campo formal e iconográfico al analizar la obra de un pintor; aquél es la expresión última pero éste es el subsuelo, la base en que apoyar unas formas. De aquí el título que hemos dado a este capítulo.

Vamos a intentar un desarrollo de este tema siguiendo dos caminos diferentes, paralelos y, en última instancia, convergentes. Por un lado, intentaremos presentar de manera global, aunque puntualizando las modificaciones y evoluciones existentes, un cuadro de los formalismos y formulismos empleados por el Bosco, de la estructura figurativa de sus obras, del método o métodos usados por nuestro pintor para representar la realidad natural o la irrealidad visionaria que componen sus cuadros; intentaremos una morfología. Por otro lado, trataremos de presentar una secuencia temporal del estilo del Bosco, a pesar de que, a causa de no tener su obra una cronología unánimemente aceptada por la crítica, sea tarea ímproba; al hilván de este recorrido por su obra señalaremos los cambios y novedades estilísticas introducidas a lo largo del tiempo, haciendo hincapié en sus posibles fuentes formales, figurativas, iconográficas.

Como ha escrito Charles De Tolnay (1), la técnica y el estilo de Jerónimo Bosco no es el resultado de la evolución de una tradición de escuela, asumida y desarrollada personalmente por él ni tampoco el resultado de hacer propia una técnica ajena. Su estilo y su técnica son la expresión directa y adecuada de su visión de la realidad, de su particular

---

(1) Charles De Tolnay. *Hieronymus Bosch* (1965), p. 45.

ADORACION DE LOS MAGOS. Museo del Prado, Madrid.

Weltanschauung, que da lugar a un fenómeno artístico que no se había repetido desde Jan van Eyck. Jan van Eyck realizó una pintura de la *totalidad* del mundo; bajo la influencia del panteísmo tardomedieval, presentó en sus cuadros la obra de la creación divina a través de la naturaleza, como una *natura naturata.* Para ello, el mítico inventor de la pintura al óleo desarrolló una técnica y un estilo propios que harían de sus obras «joyas cósmicas». Su equilibrio entre lo general y lo particular (con una técnica en la pincelada que hace que el número de sus detalles se aproxime al infinito, manteniendo al mismo tiempo una visión microscópica y telescópica de la realidad); sus figuras situadas en un espacio «cristalizado» en una perfecta reconstrucción; su insensibilización de sus personajes, de una corporeidad que casi los convierte en «objetos»; su idéntico tratamiento de todas las cosas (hombres, fauna, flora, cosas, etc.), insertadas perfectamente en un espacio iluminado natural o sobrenaturalmente; su simbolismo que hace que todo transcienda de su propia realidad material, física, son los recursos que Jan van Eyck puso al servicio de su visión del mundo personal, objetiva y trascendente.

El Bosco, al contrario, se asomó a un mundo al que había negado su origen metafísico y un significado inmanente y para poder representarlo inventó una nueva y distinta imagen. El mundo es meramente una ilusión óptica, un espejismo de realidad; la claridad de visión se encuentra inmersa en una bruma, lo inconstante substituye a lo permanente, lo tangible se convierte en algo inmaterial. El Bosco abandona la descripción objetiva de las cosas y sus representaciones son el resultado de su peculiar visión de la realidad. Pero al mismo tiempo, el Bosco no sólo maneja realidades objetivas sino irrealidades, realidades sobrenaturales que debe presentar de una forma real; esto es, similar, en su aspecto fenoménico, a la de los otros objetos naturales. Es quizá por este doble proceso contrario de «realizar» lo irreal y «desrealizar» lo real por lo que los monstruos y formas simbólicas del Bosco se nos presentan con una materialidad, concisión formal y perfección acaso mayores que las de la realidad natural, más próximas y «asequibles».

Así, su pintura es a la vez *alla prima,* ligera y espontánea, llena de expresividad nerviosa, a base de una escritura cursiva e inmediata, precisa y minuciosa, detallista. A su gusto por la fluidez de la factura se une su inclinación por el detalle y la descripción preciosista y pormenorizada; la materia sólida y esmaltada de las formas de los primitivos flamencos se mantiene y refleja el refinamiento y la sutileza dibujísticos aun en los objetos de consistencia y apariencia más tenue y efímera;

pero es una materia que, considera en su conjunto, «de lejos», se des-materializa. El gran logro del Bosco se basa en que la certidumbre for-mal, la firmeza del contorno y el esplendor del color, sus imágenes inmediatas aprehendidas instantáneamente por el espectador, aseguran a la imagen simbólica una extraordinaria presencia de realidad fenomé-nica y ligan los diferentes episodios extravagantes, que llegan a copar el espacio de sus cuadros, en una unidad visual; una unidad visual llena de poder, fuerza y ambigüedad pero que, al mismo tiempo, hace que que-den sumergidas en un ambiente (espacial, lumínico, colorístico) subje-tivo, irreal, fantástico, jamás experimentado ni practicable.

Las figuras humanas de Jeroen van Aken se parecen siempre unas a otras, se nos presentan de manera uniforme como miembros indiscrimi-nados de la especie humana más que como seres individuales, persona-les, inimitables; incluso se ha llegado a hablar de manierismo formal. Sus figuras parecen encontrarse tan lejos del interés del pintor como de sus propios ojos, vistas a distancia (salvo en las obras de su último período, como la *Epifanía* del Museo del Prado o sus tardías escenas de la *Pasión de Cristo,* en Gante, Londres, El Escorial o Princeton), casi impasibles e insensibles. Por su mínima dimensión con respecto a la total de sus tablas, su escaso «peso» físico, su falta de densidad y cor-poreidad material, por sus volúmenes casi cúbicos, su esquematismo y su supresión de detalles individualizadores, parecen serle indiferentes; el Bosco no pretende en ningún momento producir una ilusión de su realidad corporal a través de un estudio de sus modelos. En sus compo-siciones la figura humana sólo tiene valor como un contorno expresivo de un sujeto anónimo o como eslabón de la cadena narrativa, protago-nista paciente, de cada una de las escenas de sus cuadros o de ellas entre sí, como en la obra de un medallista, sus figuras son delgadas, casi transparentes, aplanadas contra la superficie de la tabla; las figuras esenciales están presentadas en siluetas decorativamente atractivas, fal-tas de la pesada corporeidad y sentido escultórico con los que los de-más pintores flamencos del siglo XV las investían, gracias a un intenso estudio de la naturaleza y un cuidadoso modelado, de forma que ha podido decirse de las figuras de algunos de estos pintores que «despla-zarían masa, como cuerpos tridimensionales, si fueran sumergidos en un líquido».

El dibujo y el modelado —con la luz dirigida que crea pronunciados sombreados— juega por ello un papel secundario en la pintura del maestro de 's-Hertogenbosch. Su carácter esencialmente pictórico se basa sobre todo en una distribución apropiada y una correcta graduación de la luminosidad difusa a través del color y por ello sus figuras carecen de esas propiedades tactiles comunes a los primitivos flamencos. Es curioso señalar que sólo en su última época, la de las figuras grandes, el Bosco echa mano del plegado quebrado y angular en los ropajes de sus personajes, típico de la escuela de los Países Bajos, fórmula ya tradicional que le permite resaltar el claroscuro de los cuerpos cubiertos y, aunque nunca se trasluzca la anatomía velada, reforzar el efecto corpóreo y tridimensional de sus figuras, pero más como soportes de trajes «escultóricos» que como figuras tangibles por debajo de ellos. Incluso sus grisallas dejan de ser verdaderas grisallas, en el sentido tradicional del término en la pintura flamenca del siglo xv. Según pusieran de moda el Maestro de Flémalle y Jan van Eyck, los exteriores de las tablas laterales de un tríptico o políptico se decoraban con pinturas de imágenes, tratadas como si en estatuas consistieran, exclusivamente a base de claroscuro, blancos, grises y negros; esto es, se representaban figuras humanas como si fueran estatuas monócromas de piedra, sobre las que la luz incidía violentamente resaltando sus volúmenes y su masa. Jeroen van Aken rechaza esta forma de concebir las grisallas. En su obra, excepto en el *Tríptico* de Viena, las figuras aisladas se han convertido en escenas tan narrativas como las del interior de sus retablos, tratadas como monocromías pero faltas totalmente de su tradicional sentido escultórico aunque, como en la *Epifanía* del Museo del Prado, se represente en ellas un escultórico altarcillo con retablo. Incluso se insertan en la monocromía general figuras polícromas de los donantes, elementos que rompen todavía más el efecto escultórico de lo representado. Las escenas de los paneles exteriores del Bosco adquieren un aspecto de narraciones fantasmagóricas, completamente irreales en algunos casos. En otros trípticos, como el *Carro del Heno* del Museo del Prado, la grisalla externa es sustituida por una visión totalmente polícroma, evidentemente pictórica y en absoluto escultórica. En el *Tríptico del Juicio Final* de la Academia de Viena las grisallas se aproximan algo más al tipo tradicional. En la parte inferior aparecen dos arcos de medio punto, con florones y tracería gótica flamígera, que cobijan sendos escudos heráldicos. Están tratados como partes de una arquitectura real, de forma parecida a la empleada por Jan van Eyck para cobijar a los donantes y Santos Juanes del retablo de la *Adoración del Cordero Místico* de San Bavón de Gante. Sin embargo, no son los sucedáneos de unos marcos ni tienen la función de arcos diafragmas que separen el espacio real del espacio fictício de las hornacinas en las que se sitúan

las esculturas y los orantes polícromos del maestro de Masseyck. Por otra parte, en el *Santiago* y *San Bavón* vieneses quedan —diferente y contradictoriamente— enmarcados por un paisaje y un arco que da paso a una habitación, contemplados incluso desde puntos de vista distintos; la falta de coherencia espacial es pues total, subrayada por el exterior y el interior de uno y otro escenario y por la falta de relación entre ambas figuras, que ni siquiera mantienen un contacto visual, anímico. Además, las figuras monócromas no son estatuas; no se elevan sobre podios o pedestales sino que viven un espacio, se mueven, expresan emociones tímidamente manifestadas. La grisalla ha perdido toda su razón de ser y sólo se mantiene como un rasgo formulario, una convención impuesta por una tradición establecida. Sólo en la *Virgen con el Niño* y *San Juan Evangelista* de la catedral de San Juan de 's-Hertogenbosch encontramos, como puertas del ya citado reloj, dos verdaderas grisallas, con las figuras como esculturas «pictóricas», sobre pedestales y cobijadas por sendos doseletes arquitectónicos, como si se tratara de verdaderas esculturas pétreas y tridimensionales pasadas a lienzo; y recordemos las dudas razonables que existen sobre la autoría de esta obra.

Todas las figuras del Bosco, a pesar del gusto individualizador de los primitivos flamencos y su «retratismo» generalizado, pertenecen a la categoría de *tipos* o *figuras ideales.* Carecen de individualidad, no son personajes únicos; representan más bien generalizaciones, suprimiendo todo carácter personal discriminatorio, de tipos humanos, convertidas casi en figuras tópicas de diferentes estados, aptitudes anímicas paradigmáticas o situaciones vitales más circunstanciales que personales. Ni siquiera el tratamiento exacto de la anatomía de sus figuras parece interesar de manera especial a Jerónimo Bosco, ni en posiciones estáticas ni en movimiento. Su Eva del *Jardín de las Delicias,* por poner un ejemplo, se arrodilla en el «aire», sin que sus miembros pesen sobre el verde césped, sin que sus articulaciones respondan como estructuras orgánicas, sin que los músculos existan debajo de la piel. El Santiago del *Tríptico del Juicio Final* de Viena avanza en actitud esquemáticamente más cauta que cansina; su pie derecho apoya en el suelo sobre los dedos temblorosos pero su aleteo es más expresivo —de un temor y una falta de seguridad anímicos— que representación naturalista de un miembro corpóreo que sostiene el peso del santo peregrino. Incluso sus figuras, desnudas tantas veces, no parecen unidades orgánicas sino —exagerando algo— uniones de miembros «en solución de continuidad»; algunos cuellos (como los de la Santa Inés o la donante femenina de la *Epifanía* madrileña) se imbrican penosamente entre la cabeza y el

SANTIAGO Y SAN BAVON. Akademie der Bildenden Künste, Viena.

busto de sus poseedoras, como si de unos cilindros, entremetidos entre dos partes ajenas, se tratase.

Este desinterés de Jeroen van Aken por lo individual tendría que desembocar en una total indiferencia por el retrato. El Bosco no fue nunca un retratista y ningún retrato individual —como género independiente— ha llegado hasta nosotros si alguna vez lo pintó. Sólo conservamos, salidos de su mano, unos pocos retratos de donantes, desde el de *Las Bodas de Caná* de Rotterdam a los de la *Epifanía* del Prado. Aquél se nos presenta ensimismado, difícilmente identificable como personaje «al margen» de la escena, precariamente individualizado en sus rasgos fisiognómicos únicos. Estos se aproximan un poco más a un individuo concreto que los propios Reyes Magos (aunque poca diferencia existe entre la Santa Inés e Inés Bosshuyse). Sus donantes, remotos espiritualmente como retratos (hecho que se intensifica al enmarcarse en una escena o un paisaje), están muy lejos del espectador, un poco «generalizados» también, resaltados más que en su unicidad en lo que tienen en común con el resto de la humanidad, casi tipificados como donantes genéricos. No hay personalidades autónomas que nos asalten desde su inmediatez física o anímica, no hay emociones, sólo presencias impersonales; no existe interpretación de una personalidad en los retratos del Bosco; casi, ni siquiera, descripción física exacta de ella.

Pero si el Bosco se aparta de la descripción individual y «tipifica» los diversos géneros humanos, es lógico que se sintiera por contra atraído por las formas humanas que extreman los rasgos «tipificadores»: las caricaturas. Para él no es lo individual en sí, sino lo individual en su deformidad, el puro exceso de individualidad genéricamente significativo, la caricatura, lo que posee interés. Desde sus obras juveniles existe este interés por lo caricaturesco, como lo demuestran sus *Dos cabezas sacerdotales* del Museo Boymans-van-Beuningen de Rotterdam, pero se acentúa sobre todo al representar a los sayones y al populacho anhelante en sus *Ecce Homo* y *Ostentatio Christi* (Frankfurt, Boston, Filadelfia) o sus *Camino del Calvario* (Viena, Palacio Real de Madrid) y, más aún, en aquellas obras de esta temática pertenecientes a su último período (*Coronación de Espinas* de Londres, Museo del Prado; *Cristo ante Pilato* de Princeton; *Camino del Calvario* de Gante; o los no unánimemente aceptados como originales *Cristo ante Pilato* de Rotterdam y Sao Paulo [Brasil] o el *Beso de Judas* de San Diego, California).

La caracterización de los sayones de Cristo, verdugos, judíos o mal-hechores de diversas especies como seres horriblemente grotescos, de-formes en sus rasgos en origen humanos, «animalizados» físicamente a causa de sus perversiones, era ya una práctica vieja y buenos ejemplos de ella podemos encontrarlos en obras típicas del llamado realismo pre-eyckiano. Quizá sus caricaturas de sus períodos juvenil y maduro estén en esta línea tradicional, pero sus sayones de última época (sobre todo los de Princeton y Brujas) traspasan los límites marcados por sus antecedentes y por sus propias obras previas. Los personajes secunda-rios de estos dos cuadros, con sus rasgos marcadamente acentuados y su reducción de caras en máscaras animales, han hecho pensar en la posible influencia de las caricaturas de Leonardo da Vinci; caricaturas que habría conocido bien gracias a su hipotético viaje al norte de Italia o bien a través de la estampa. Sin embargo y en primer lugar, puede aducirse en contra de este influjo la existencia anterior de caricaturas menos elaboradas —menos exageradas— en la propia pintura del maes-tro de 's-Hertogenbosch y la tradición popular flamenca y alemana viva en aquellos tiempos. Por otro lado, las caricaturas leonardescas son más que puras caricaturas, en el sentido normal del término, estudios —podríamos decir que científicos— de fisiognomia (2); investigaciones del hombre a partir de modelos animales, como si los rasgos faciales de algunos de los hombres se conformaran partiendo de estructuras anima-les subyacentes. En cambio, en el Bosco son verdaderas caricaturas humanas, tomando elementos del mundo animal como citaciones a pie de página, en busca de una expresiva acentuación de unas cualidades morales que, por depravadas y bestiales, tienden a asimilarse en sus rasgos exteriores a los de los animales más feroces o rastreros.

Para Jeroen van Aken los sayones son representaciones deshumani-zadas del mal, formas expresivas que se acentúan al ser colocadas fre-cuentemente en puros perfiles. Hay expresionismo, no investigaciones exageradas del modo gestual humano y recordemos que Leonardo da Vinci definía el *decorum* o modo como la propiedad en el gesto, vestido y lugar de los personajes en una escena. El gesto, como parte primordial de la configuración humana, debía responder perfectamente a las carac-terísticas y cualidades sociales y morales de un personaje; los gestos modificarían los rasgos faciales de una forma determinada y ello conduci-

---

(2) Ernst H. Gombrich. «The Grotesque Heads» en *The Heritage of Apelles. Studies in the Art of the Renaissance.* Londres, 1976, p. 57 y ss.

ría a la caracterización palmaria de un individuo en una pintura pero sin que por ello se perdieran sus propiedades humanas. En este sentido es iluminadora la diferencia existente entre dos obras del casi coetáneo Quintín Massys (1465/6-1530), sus *Viejo Caballero* del Museo Jacquemart-André de París (de 1513) y *Duquesa Fea* de la National Gallery de Londres. En la primera aparece una caricatura, podríamos decir a la italiana; en la segunda una remodelación, más que deformación, de la realidad facial de la vieja retratada, con una marcada intención de expresión de unas cualidades morales. Y, sin embargo, Massys no llega a animalizar los rasgos de su modelo. Las caricaturas del Bosco son, si se nos permite, caricaturas en «segundo grado», remodelaciones (a partir de otros modelos) de unas deformaciones de rasgos humanos, caricaturas de caricaturas por mor de una mayor expresividad.

El hombre, en las obras del Bosco, convive con otros seres, animales y objetos. El estilo de Jeroen van Aken, utilizando la misma técnica más pictórica que escultórica, consigue en lo no humano un mayor grado de naturalismo, de realidad, de presencia inmediata del objeto o la cosa vista, contemplada por el espectador. Si todavía los animales, dentro de cada una de las diferentes especies, pueden ser considerados como arquetípicos, no ocurre lo mismo con otras realidades, sobre todo con aquéllas en que su presencia tiene mayor valor simbólico y cuya naturaleza se aleja más de la realidad cotidiana. Estos animales, objetos o monstruos simbólicos no se nos aparecen solamente como «tipos» sino con una individualización profundamente resaltada, casi con un carácter de unicidad. Tienen no sólo una presencia como formas visuales, contornos sin peso ni otras cualidades físicas, sino que se manifiestan al espectador como portadores de otras propiedades. Tienen presencia táctil, volumétrica, masiva; sus superficies muestran cualidades materiales hasta ahora insospechadas; son objetos duros o blandos, sólidos o frágiles, suaves o ásperos, rígidos o flexibles, carnosos u óseos, cristalinos o minerales, vegetales o animales. Su naturaleza, real o imaginaria, a través de un mayor detallismo y un más cuidadoso y pormenorizado modelado, se nos presenta con todo su valor visual y material. En estos elementos el Bosco alcanza un alto grado de virtuosismo, quizá sobre todo en su representación de objetos duros y frágiles como sus fantásticas arquitecturas naturalistas del *Jardín de las Delicias*. Podríamos decir que el Bosco insiste en la representación naturalista de lo no real, necesitado de un soporte tangible mucho mayor que el requerido por lo real, lo conocido y experimentado, cuya presencia y existencia se dan por descontadas, cuyo reconocimiento —incluso si sufriera un proceso de

ECCE-HOMO *(frag.)*. Stadelsches Museum, Frankfurt.

esquematización— como tal es fácil para el espectador. Donde hay que insistir en el aspecto material y real de las cosas es en aquéllas que son completamente irreales.

Creemos que este doble tratamiento de lo natural y lo sobrenatural es bien patente también en los dos tipos de simbolismos utilizados por Jeroen van Aken. No vamos a hablar, otro será su momento, de lo que puedan significar los símbolos de las pinturas bosquianas sino de la tipología de su simbolismo, de sus dos tipos que, a pesar de su trascendencia común, responden a dos diferentes tipos de realidades: el simbolismo encubierto o disfrazado y el simbolismo directo, abierto u obvio.

En el arte cristiano medieval, para referirnos a la órbita temporal y geográfica en la que nos estamos desenvolviendo, existió siempre un simbolismo obvio; esto es, formas convencionales que venían a sutituir conceptos o ideas irrepresentables por tratarse de abstracciones mentales; fenómenos invisibles, irreales, sobrenaturales, carentes de forma. Ya se tratara de atributos, personificaciones con atributos, símbolos con verosimilitud formal con respecto a lo que representaban o símbolos incongruentes, monstruosos o convencionales, tales formas o figuras estaban revestidas de una presencia fenoménica completamente aceptable para el espectador aunque su función fuera puramente significativa y no como descripciones naturalísticas. Además, en una obra de arte podían aparecer simultáneamente escenas y personajes de otras épocas y otros lugares pero cuya presencia estaba justificada en un plano simbólico aunque no realístico. Aparecían pues fuera de un contexto lógico desde un punto de vista de una representación coherente en espacio y tiempo, como alegorías, premoniciones, anticipaciones o conclusiones lógicas desde un punto de vista intelectual o religioso pero no visualmente empírico.

En la pintura flamenca del siglo xv alcanza su clímax otro tipo de simbolismo, el encubierto. Este simbolismo, inventado por la pintura trecentista italiana y practicada ya por algunos maestros flamencos de fines del xIV (como Melchior Broederlam de Ypres, por ejemplo), respondía al gusto, cada vez más generalizado, por las representaciones coherentemente naturalísticas en su conjunto. Un arte que ponía en práctica la unidad temporal y espacial (a través de un control lógico y de la perspectiva) y buscaba la representación natural de la realidad, tenía

Superbia

que rechazar el intrusivo simbolismo abierto del pasado (exceptuando quizá algunos fenómenos sobrenaturales como milagros, visiones, ángeles o diablos que desafían las leyes de la naturaleza). Pero lo que no podía abandonar por completo era el carácter trascendente de muchas de las representaciones y hechos que debía pintar. Era necesario encontrar otro vehículo, aparentemente real para estas significaciones. La solución fue el disfraz de realidad de los elementos simbólicos, basado en la afirmación tomista de que los objetos físicos son realidades espirituales en forma de metáforas corporales.

Robert Campin, el Maestro de Flémalle, abrió el camino «moderno» del simbolismo encubierto, aunque todavía aparecen en sus obras objetos aparentemente privados de significado simbólico. Con Jan van Eyck se alcanzó para este método la categoría de sistema representativo: toda su realidad pintada está saturada de significación. Edificios románicos o góticos, ruinosos o intactos (como representaciones del mundo precristiano o cristiano), luz natural (natural o sobrenatural según proceda del sur o el norte, de la derecha o de la izquierda), ventanas u otros vanos tripartitos (símbolo de la Trinidad), velas, frutas, lírios, garrafas de cristal, palanganas (símbolos marianos diversos, de sus diferentes atributos sacros), etc., se nos presentan como fenómenos u objetos naturales y, al mismo tiempo, preñados de un simbolismo concreto y perfectamente evidente para el conocedor de tal código entonces vigente. Así, los símbolos encubiertos permanacieron vivos durante todo el siglo XV (aunque se perdiera a veces su empleo con carácter sistemático) y penetraron tímidamente en el mundo moderno.

Pues bien, cuando el simbolismo directo ha dado paso al encubierto y éste ha sustituido casi completamente a aquel, el Bosco se inclina decidida y arcaicamente por los símbolos abiertos aunque sin desdeñar los disfrazados, completamente vivos en su época. Es indudable que el mundo fantástico e irreal del Bosco (de los *Juicios Finales* al *Jardín de las Delicias*) sólo podía estar poblado de símbolos de carácter obvio y que un naturalismo a ultranza estaba fuera de lugar. También es verdad que el simbolismo encubierto se empleó casi exclusivamente en escenas de historia sagrada (sobre todo de la Vida de la Virgen e infancia de Cristo) en las que se valoraba por encima de todo el carácter de plausibilidad cotidiana, de naturalidad, de los escenarios. Las «imágenes» de la Virgen, las Anunciaciones, las Epifanías, etc., eran el campo más propicio para el simbolismo encubierto. Son pocas las obras de este tipo, historias sagradas neotestamentarias, que parece haber realizado el

EL JARDIN DE LAS DELICIAS *(frag.)*. Museo del Prado, Madrid.

Bosco, pero aun en ellas el simbolismo disfrazado está, por un lado, tímidamente utilizado y, por otro, se entremezcla con los símbolos obvios.

En una obra temprana como *Las Bodas de Caná* de Rotterdam, Jerónimo Bosco presenta símbolos encubiertos (al lado de abiertos) en la especie de alhacena del fondo o altar escalonado, o en las esculturas que coronan las columnillas de la capilla de bóvedas de crucería; pero en estas esculturas surge ya la obviedad, la desnaturalización del símbolo disfrazado de estatua ya que una de ellas, cobrando vida, se cuela por un óculo de las enjutas de los arcos. El símbolo encubierto, al desrealizarse, se convierte en símbolo directo. En *La Adoración del Niño* de Colonia los encubrimientos brillan por su ausencia. Dejando aparte sus tres *Epifanías* discutidas (la Kleinberg-Johnson de Nueva York-Filadelfia, posiblemente obra de taller, la del Metropolitan Museum de Nueva York, de dudosa atribución, y la de Londres, posiblemente copia), las seguras se reducen a otras tres. La del Museo de Filadelfia presenta ya una de las fórmulas típicas del encubrimiento simbólico del Bosco; escenas lejanas en tiempo y lugar pero conectadas con la representación principal como sus prefiguraciones o alegorías (aquí la *Caída del Maná en el Desierto*) aparecen decorando el traje o tocado de alguno de los protagonistas; en este caso, la escenita bordada en la manga del rey negro puede interpretarse como prefiguración de la Ultima Cena, la eucaristía y la misa, significación confirmada por los objetos litúrgicos donados por los magos (también como símbolos encubiertos), en lugar de los tradicionales oro, incienso y mirra.

En las *Adoraciones de los Magos* de Madrid y Anderlecht estos recursos adquieren mayor importancia. En la obra del Prado ya la grisalla externa (con la *Misa de San Gregorio* y su altar con escenitas de la Pasión de Cristo rodeando una imagen del *Ecce Homo*) funciona como prefiguración de la Epifanía interior. En esta aparecen símbolos disfrazados de esculturas de un edificio gótico en ruinoso estado (3) o en los regalos e indumentaria de Melchor, Gaspar y Baltasar; incluso el atributo de la santa patrona Santa Inés, el cordero, aparece como un animal

---

(3) Interpretado como el Palacio de Salomón o de David. Desde el punto de vista del simbolismo encubierto posteyckiano, la utilización de arquitectura gótica —contemporánea— sería una incongruencia. Recordemos que el estilo románico (o, más tradicionalmente, pseudoriental) representaba, como las ruinas, el mundo pagano, precristiano o judaico; en cambio, la arquitectura gótica y las edificaciones intactas hacían referencia simbólica a la cristiandad histórica.

vivo, apacible y naturalmente tendido en la hierba, algo distanciado de la mártir y junto a un bastón (del Buen Pastor), como si fuera este un objeto olvidado por los pastores que se asoman a través de la cabaña. En el tríptico de Anderlecht se nos muestran los mismos elementos y como en el retablo madrileño surgen también los símbolos o personificaciones directas, como el inquietante Cuarto Rey Mago, el Anticristo o Herodes de extrañísimo tocado. Y asimismo aparecen las escenas de carácter eminentemente narrativo, fuera de lugar en la iconografía de las tablas, pero de significación alegórica.

Los símbolos encubiertos en las obras del Bosco, como hemos visto, aparecen sobre todo en sus cuadros bíblicos, sin que se destierren por completo los símbolos obvios o las escenas narrativas-alegóricas, como verdaderos complementos de la significación global de la pintura, matizada y enriquecida por estos símbolos y alegorías no encubiertos. En este sentido, con este mismo fin de dar mayor complejidad a las escenas llenas de símbolos directos, aparecen los encubiertos en otras obras marcadamente fantásticas y antinaturalísticas. Así, por ejemplo, en las escenas esculpidas en la pseudo-Torre de Babel de las *Tentaciones de San Antonio* de Lisboa y quizá como representaciones de las visiones del eremita, en forma de prefiguraciones del Bautismo de Cristo, la Pentecostés y las propias tentaciones.

Estos hombres bosquianos, animales, objetos naturales o artificiales, símbolos más o menos monstruosos, se sitúan y desenvuelven en un espacio. De Tolnay (4) ha señalado que la impresión de espacio de las obras del Bosco se produce al imbricar o superponer diferentes valores de color en zonas paralelas al plano del cuadro y que su graduación artística determina las leyes del espacio: los tonos más oscuros dominan las partes inferiores de la obra, convirtiéndose progresivamente en zonas de mayor claridad a medida que se aproximan a la línea del horizonte para, entonces, volver a oscurecerse en el cielo. A través de este procedimiento, en cierto sentido una representación pionera de la perspectiva que conocemos con el nombre de aérea, el artista crea una extraordinaria sensación atmosférica y de profundidad espacial que, sin embargo, permanece caracterizada como ambiente aéreo y espacio visionarios. Desde este punto de vista, el Bosco se nos manifiesta como un original investigador de la perspectiva aérea, pictórica en contraposi-

(4) De Tolnay. *Op. cit.*, p. 45.

ción a la perspectiva geométrica, lineal. Las cosas, no obstante, no parecen tan sencillas. Es cierto que Jeroen van Aken supuso un paso adelante en la conquista de una visión naturalista de la realidad pero renunciando a algunos de los recursos entonces tradicionales para crear efectos especiales naturalísticamente unitarios y homogéneos.

El paso de gigante dado en el siglo XV, en Italia y los Países Bajos, hacia la consecución de una representación naturalística del espacio se basa en la perspectiva, en el descubrimiento científico y empírico —respectivamente— de un método que permitiera la disminución constante de los objetos situados a una distancia siempre en incremento desde el punto de vista del artista y el espectador. La perspectiva, en primer lugar, como método representativo, permitía reducir el tamaño de las cosas vistas a mayor distancia; en segundo, proporcionaba un método de construcción de los envoltorios —paisajístico o exterior, arquitectónico o interior— de ese espacio, de tal forma que su representación coincidía con nuestra experiencia visual de ese espacio. La perspectiva lineal, geométrica en sentido moderno, es sólo una de las facetas del concepto general de la prespectiva.

El método moderno —brunelleschiano y eyckiano por dar unos nombres de artistas pioneros— de la perspectiva radica, frente a otros intentos menos perfectos a los que más tarde nos referiremos, en la organización del espacio a partir de un único punto de vista fijo y, como su reflejo en el horizonte, de un único punto de fuga. La construcción correcta según este método presupone que todas las líneas paralelas (sin tener en cuenta su situación o dirección) convergen en uno de los infinitos puntos de fuga posibles y que todas las líneas ortogonales (paralelas perpendiculares al plano del cuadro) convergen en un punto de fuga central y único, definible como el punto del infinito en que se proyecta el punto de vista y que determina el horizonte del cuadro. Esta línea del horizonte es la zona en que están situados todos los puntos de fuga de todas las paralelas de la pintura, que se organizan en planos horizontales. Todas las magnitudes iguales disminuyen en proporción directa a su distancia del ojo del espectador y del punto de vista «del cuadro».

Este método, que suponía la concepción moderna del espacio como tridimensional, continuo e infinito, permitió al artista clarificar el tamaño y posición relativa de los objetos corpóreos en un espacio representado

CAMINO DEL CALVARIO *(frag.)*. Palacio Real, Madrid.

a través de la pintura y organizar coherentemente los límites —suelos, techos, paredes— de ese espacio pintado. A partir de la segunda mitad del siglo xv, sobre todo en Italia y Flandes, el sistema perspectivo mono-focal era una práctica común a todos los artistas progresivos o, por lo menos, a todos aquellos empeñados en una pintura naturalista, fuera primitiva flamenca o renacentista italiana. ¿Formó parte de este grupo Jeroen van Aken alias el Bosco?

En primer lugar, el Bosco disminuye el tamaño de figuras idénticas según la distancia en que se encuentran en relación al espectador, pero su disminución no sigue la pauta sentada por las leyes de la perspectiva moderna, sino los dictados de su propia experiencia visual, sin ningún sustento «científico». Pongamos un ejemplo clarificador. En el *Paraíso* del ala izquierda del tríptico del *Carro del Heno* encontramos represen-tados por tres veces a Adán y Eva, en tres escenas que se lozalizan en el jardín edénico pero que corresponden a tres diversos episodios de sus vidas, separados por el tiempo en realidad y unidos en la ficción del cuadro: en último término aparece la creación de Eva, en el medio la tentación, en el primer plano la Expulsión del Paraíso. Un pintor como Dirk Bouts (recordemos sus tablas de la *Justicia del Emperador Otón III*) utilizó este recurso, dictado por el sentido narrativo del tema tratado, pero había conferido un aspecto coherente al espacio y figuras en él situadas a través de una disminución progresiva de los tamaños de los mismos personajes, según estuvieran más o menos lejos del primer plano del cuadro. En el *Paraíso* madrileño, el Bosco reduce sus figuras de los primeros padres pero no de una forma progresiva, marcada por la situación de ellas dentro del espacio paisajístico de su tabla. Adán y Eva expulsados son mayores que los tentados por la serpiente y éstos que el Adán dormido y la Eva naciente, pero la diferencia de tamaño es mayor entre éstos y los tentados que entre éstos y los expulsos cuan-do la distancia entre el primer plano y medio plano es mucho mayor que entre el medio y el último. En otros cuadros del Bosco se resuelve este tipo de problema con idénticos medios: disminución progresiva pero ni continua ni coherente y sistemática con respecto a las distan-cias.

Por otra parte, Jeroen van Aken se desentiende de las relaciones dimensionales naturalistas entre figuras y objetos y edificaciones cir-cundantes, aun en cuadros no fantásticos en los que los objetos y edifi-cios pueden perder sus verdaderas dimensiones en busca de una mayor fuerza expresiva. Los personajes (desde los de las escenitas de la tem-

prana mesa de los *Siete Pecados Capitales* a los de la tardía *Epifanía* del Prado) son demasiado grandes en relación a los edificios que les sirven de fondo o éstos son demasiado pequeños para albergar cómodamente a aquéllos. En la *Epifanía* del Museo del Prado, si la Virgen sentada se pusiera de pie rompería la techumbre del «pesebre», produciendo nuevos agujeros en su estructura, que serían inmediatamente utilizados por los curiosos pastores mirones como ventanas para asomarse a la escena. En algunos casos, como en la *Envidia* de la mesa madrileña, o en su *Paraíso,* sus estructuras arquitectónicas nos traen a la memoria las llamadas «arquitecturas de casa de muñecas» (5) de la pintura trecentista italiana y de los pintores francoflamencos de alrededor de 1400, vistos desde fuera y por dentro y de un tamaño inverosímil para las figuras que contienen.

Las vistas interiores del Bosco son también ilustrativas de su desinterés por la reproducción unitaria del espacio o de su pobre manejo de unos recursos ya tradicionales en la época de su vida. Si alguna vez van Aken se interesó por las escenas desarrolladas en un interior arquitectónico debió ser durante su etapa juvenil, pues tras ella tales escenarios brillan por su ausencia. Los episodios con interior de la *Mesa (Extremaunción, Soberbia, Accidia, Gula)* se nos presentan enmarcados por unas habitaciones mal construidas, en las que las ortogonales no convergen en un punto de fuga único o los planos en teoría paralelos (suelos y asientos de bancos y sillas, tablas de mesas) no convergerían en el infinito, de prolongarse, sino mucho antes; se entrecruzan diferentes puntos de vista para diferentes objetos, no existe unidad espacial alguna. En *Las Bodas de Caná* ocurre otro tanto. Incluso la *Muerte del Avaro* de Washington, aparentemente el interior arquitectónico mejor construido de la obra del Bosco, adolece de similares defectos. Las ortogonales no coinciden en un único punto de fuga sino en una serie de ellos situados en una línea vertical; esto es, casi en una construcción perspectiva basada en el método de «la espina de pez» plurifocal o en «un área de fuga» de orígenes igualmente trecentescos. Por otro lado, los interiores están reproducidos desde un punto de vista muy alto (que recuerda los empleados, en perspectiva *caballera,* en la cartografía urbana contemporánea), casi «vistas de pájaro». Este punto de vista tan alto impide que el espectador pueda sentirse «dentro» del cuadro, dentro de la escena

---

(5) Erwin Panofsky. *Renacimiento y renacimientos en el arte occidental.* Madrid, 1975, cap. 3 y *La perspectiva como forma simbólica.* Barcelona, 1973.

pintada; el interior nos es ajeno en su espacialidad, completamente independiente; el espacio ficticio del cuadro no es prolongación del espacio real del espectador; nunca tenemos la sensación de haber penetrado por nuestro propio pie en unos interiores y convivir con los personajes de la escena. En esto, como en otras cosas, el Bosco se mantiene también apartado de las innovaciones de su época.

En este sentido tampoco el Bosco echa mano de uno de los recursos entonces comunes para crear espacio alrededor de un objeto: las sombras. No todos los objetos de una misma escena proyectan sombras y muchas veces, cuando las producen, lo hacen de manera completamente asistemática, sin responder a la dirección del foco lumínico principal ni matizándose a tenor de la existencia de focos secundarios. Si en el Bosco no hay una rigurosa construcción espacial tampoco existe una rigurosa regulación de la luz y la iluminación, tendiéndose a una luminosidad difusa e inconcreta.

Es también interesante llamar la atención sobre otro tipo de «recurso espacial» empleado por van Aken: la negación del espacio. En algunos de sus cuadros (*Ecce Homo* de Frankfurt, Boston y Filadelfia, por ejemplo) las masas de personajes y sayones destrozan el espacio en que debían situarse al amontonarse unos sobre otros en irreal conglomeración. En otros (escenas de la *Pasión* de Londres, Madrid, Princeton o Gante, de última época) se niega el espacio de forma más directa: ni existe entre las figuras ni en torno a las masas humanas compactas. Se ha renunciado en algún caso (*Coronación de Espinas* del Escorial) al fondo real abierto; el fondo ha quedado ocluido por un «muro» dorado como telón de fondo. Este recurso, arcaico, había tenido como fin primordial en la pintura proporcionar a la obra un aspecto decorativo exponente de una riqueza material, cuyo valor se traspasaba al tema del cuadro. Roger van der Weyden lo había empleado en su *Descendimiento* del Museo del Prado, con el fin de no distraer la atención del espectador con un fondo figurativo, paisajístico, y concentrar al máximo la pasión interna de la escena. No de otra forma había actuado en sus *Crucifixiones* del Pennsylvania Museum of Art o del Escorial, sustituyendo el fondo dorado por un muro liso cubierto con un paño colgante. En el Bosco hay que pensar que este recurso se debe al mismo fin de intensificar el drama representado a tenor de su paso siguiente en busca de tal intensificación, ya no a través de la oclusión del espacio sino por medio de su negación como substancia tridimensional, continua e infinita.

En su *Cristo ante Pilato* y, sobre todo, en su *Camino del Calvario* de Gante, Jerónimo Bosco niega las cualidades de continuidad e infinitud del espacio. Las figuras —bustos o cabezas— se apelmazan y suprimen el espacio de sus entornos; el espacio está formado por sus cuerpos apiñados; más allá de ellos prácticamente no existe. En una composición presidida por el principio del *horror vacui,* el horror al vacío, los personajes se convierten en el fondo de la escena; el fondo no es ya neutro para intensificar la expresión de los protagonistas, el fondo es expresivo en sí mismo en cuanto ha absorbido a los propios protagonistas de la escena, en una escena en la que todos los personajes son primero, medio y último plano, superficie y fondo —sin espacio entre una y otro— del cuadro.

Pero es en el espacio paisajístico, en el paisaje, donde el Bosco va a poner todo su interés, mucho más que en el espacio interior de sus años juveniles o en la negación espacial de sus últimas obras. Su interés por el paisaje como telón de fondo y marco donde sus escenas tienen lugar es enorme y los resultados altamente atractivos. Sus amplios y detallados paisajes están vistos por el pintor desde una posición muy por encima del nivel del suelo; rompen con la composición en *plateau* (6), en «llanura o meseta» (en la que las figuras se asientan sobre el terreno pero recortándose sobre el cielo) típica de la pintura primitiva flamenca más innovadora para elevar enormemente los puntos de vista y fuga del espectador y del cuadro. Con ello, el horizonte se alza casi hasta la parte superior de sus tablas y nos permite contemplar una gran extensión de terreno, en cantidad apropiada para espolvorear sus figurillas y sus escenitas secundarias; el cielo queda en lo alto, no como fondo, y las figuras se recortan sobre el suelo; no dominan el paisaje desde una posición protagonista sino que se encuentran inmersas en él. A pesar de este punto de vista tan alto por otra parte, las figuras —ni siquiera las que se encuentran en primer término— no sufren deformación perspectiva alguna (en visión de arriba abajo) ni se nos muestran presentadas en escorzo; el plano vertical del cuadro queda muy lejos visualmente del espectador y éste permanece fuera del espacio ficticio de su pintura. Del dualismo en la construcción de la perspectiva no puede surgir, ni surge, una verdadera ilusión de profundidad ni de realidad espacial. El plano

---

(6) Millard Meiss. «Jan van Eyck and the Italian Renaissance» y «*Highlands* in Lowlands: Jan van Eyck, the Master of Flémalle and the Franco-Italian Tradition» en *The Painter's Choice. Problems in the Interpretation of Renaissance Art.* Nueva York, 1976, caps. 2 y 3. Este, antes, en *Gazette des Beaux-Arts*, LVII, 1961, p. 273-314.

del suelo, demasiado inclinado, revierte sobre el espectador y casi se confunde con un fondo en forma de paisajístico telón.

Todos los planos, términos, del ambiente pintado presentan la misma nitidez y perfección detallista, hasta los más lejanos; al Bosco no le interesa el ámbito de sus composiciones sino como un elemento más de esa realidad expresiva que tan personalmente conforma y deforma de manera realista y visionaria al mismo tiempo. El paisaje queda inmerso —en su estructura mineral y vegetal— en el todo de la significación; como sus figuras, es un elemento que por su tangible realidad visual, nos atrae hacia su mundo poblado de ambigüedad, extravagancia y misterio.

Sin embargo, los paisajes bosquianos manifiestan un extraño grado de unidad; el paralelismo de las zonas de color que superpone el pintor sobre la tabla proporciona esta impresión unitaria en sus ambientes, de manera más visual que espacialmente coherente. Su estilo, basado en el color más que en la línea, produce un efecto de rara realidad desmaterializada y visionaria, casi de espejismo que desaparecería como por encanto al traspasarse los umbrales de sus cuadros, de sus espacios ficticios. Por ello, en sus obras de figuras pequeñas no existe un primer término. En las de figuras grandes de última época, los primeros planos de color están formados bien por la silueta plana de las figuras o bien por una única figura que forma una unidad con todo el primer plano; las medias distancias desaparecen y las figuras resaltan directamente sobre el fondo.

La unidad del paisaje del Bosco está pues proporcionada por su empleo del color y por ello se ha hablado de su participación en el descubrimiento (quizá de manera inconsciente) de la perspectiva aérea. Esta es un método ulterior en el proceso de conquista de la representación naturalista de la realidad circundante pero Jeroen van Aken desmaterializa («aeriza») sus paisajes en busca de expresión, no de fidelidad a la realidad del fenómeno de la vista. Esto es más evidente en sus mejores paisajes, quizá los más lejanos a los esquemas de la pintura primitiva flamenca. Próximos a estos pueden ser los de la *Epifanía* del Prado o los del *San Cristóbal* de Rotterdam y el *San Juan Bautista* del madrileño Museo Lázaro-Galdiano. Frente a éstos se alzan otros paisajes en los que el aspecto visionario y desmaterializado se acentúa. Pensemos en los fondos infernales del *Jardín de las Delicias,* en los ambientes de las

CRISTO ANTE PILATOS. The Art Museum, Princeton.

Visiones del Más Allá de Venecia, de las *Tentaciones de San Antonio* de Lisboa o, sobre todo, en los fantasmagóricos paisajes del *Tríptico del Diluvio* de Rotterdam.

En éstos la iluminación y las luces, el aire y el humo se hacen al mismo tiempo palpables y fantásticos a través de un minucioso y perfecto tratamiento del color. Se acentúa el efecto de *Stimmung* (7), de armonía visual, de atmósfera continua que acaso ha hecho pensar en la dependencia del Bosco con respecto a la obra de Dirk Bouts o de Geerten tot Sint Jans. Este sentido atmosférico, además de al especial uso del color, recurre también a fórmulas que lo intensifican: el violento contraluz de objetos planos y mates (los edificios del *Jardín* o del *Carro del Heno*) o la «sobreexposición» a la luz como en una fotografía «pasada» (el bosque de las *Tentaciones* lisboetas), por ejemplo. O la monocromía, sobre esquemas paisajísticos tradicionales, como en el *Hijo Pródigo* de Rotterdam, que acentúa la coherencia y unidad ambiental por medios esencialmente pictóricos y con un fin primordialmente expresivo, de *resonancia* anímica. Esta *consonancia* emocional se potencia aun más en su *Tríptico del Diluvio* (o en la grisalla del mundo tras el diluvio del supuesto *Mundo Antediluviano* del *Jardín de las Delicias*); la monocromía casi absoluta y el tratamiento del color casi como de aguada o acuarela, «barrido», produce en el espectador un sentimiento de desolación, tristeza, densa y opresiva unidad ambiental sólo equiparable a los producidos por algunos aguafuertes de Rembrandt o algunos *Proverbios* o *Disparates* de Goya, al aguatinta.

He aquí uno de los mayores logros de la utilización bosquiana de sus esquemas coloristas, la intensificación del sentido de la homogeneidad, que hasta llega a dar cuerpo y atmósfera a sus escenas más visionarias. Los colores del Bosco, como ha escrito De Tolnay, no describen la sustancia actual de los objetos, sus texturas, sino que expresan fundamentalmente una sustancia variada y únicamente específica de los propios colores. Su actitud negativa hacia la fidelidad naturalista conduce al artista a un irracional juego de tonos iridiscentes, de violentos contrastes de color o de tenues modulaciones, en grisalla. La luz, a través del color, potencia la «falta de sustancia» de esta forma de pintar.

Ya hemos dicho que la luz de los cuadros de Jerónimo Bosco es predominantemente difusa; Jeroen van Aken cubre sus figuras y objetos

_____

(7) E. Panofsky. *Early...* I, p. 318-9.

de sus primeros planos con una pátina blanca o rosa de luz más intensa que contrasta, a veces, con sus fondos paisajísticos. En sus obras finales utiliza el Bosco un tenue claroscuro y unas sombras casi transparentes. «El artista sustituye la representación individualizada de las cosas por la reproducción directa de una visión global que, apoyado en sus conocimientos, modula y enriquece» (8). El Bosco comienza sus obras con una imprimación blanca sobre la que, con piedra negra, esboza la composición; sobre este bosquejo extiende una delgada capa de color beige pálido sobre la que, ya de forma definitiva, realiza la pintura con finos pinceles y transparentes colores al óleo. Si otros primitivos flamencos habían conseguido una pintura que recuerda los efectos colorísticos de los esmaltes, a base de superposición de veladuras traslúcidas sobre capas inferiores más o menos opacas y que se caracterizaba por sus brillos y luces profundas (internos o en profundidad, no solo superficiales) y su brillantez de color, con esta técnica desaparecían los efectos de color de las capas de la imprimación, se potenciaban los contrastes de luces y colores y, en otro plano estético, se lograba expresar apropiadamente la condición esencialmente estática de la realidad. La técnica de Jerónimo Bosco, en cambio, transparente, suelta y continua, se convertía en el medio óptimo para representar su idea de la realidad como en estado de desintegración. Este mismo tipo de técnica va a ponerla en práctica, con idénticas intenciones, en sus dibujos.

En los dibujos que se han conservado de su mano, Jeroen van Aken supone un nuevo avance técnico. Los primitivos flamencos habían utilizado principalmente la punta de plata, medio con el que se conseguían diseños lineales, en los que se lograban efectos escultóricos y los sombreados se realizaban a base de rayados. Los artistas que usaron la pluma lo hicieron siguiendo las pautas marcadas por la técnica de la punta de plata finísima y los efectos derivados de su utilización fueron casi idénticos. El Bosco rechaza la punta de plata y se basa casi exclusivamente en la pluma, pero ya con otras intenciones formales, expresivas, que se van haciendo más patentes a medida que avanza en su carrera. En un principio, sus dibujos pecan todavía de lineales, construidos a base de líneas rectas; más tarde tienden a introducir una caligrafía llena de curvas flamígeras; al final de su vida, el dibujo se simplifica y se organiza en función de líneas sintéticas y pequeños trazos que incorporan a una técnica todavía en esencial lineal unos efectos pictóricos

_____

(8) De Tolnay. *Op. cit.*, p. 46-7.

hasta entonces nunca alcanzados, al apoyar más o menos la punta de la pluma, dejando surcos de diferente anchura e intensidad de color.

Con estos medios formales y estos esquemas y fórmulas estructurales que hemos venido comentando, el Bosco llega naturalmente a unas composiciones de carácter muy personal. Ya veremos la influencia de las composiciones de otros artistas sobre van Aken y las modificaciones y variaciones introducidas por él a partir de esquemas compositivos heredados, sus peculiares iconogramas a partir de iconografías tradicionales. Sus composiciones juveniles se atienen a simplicísimos esquemas, ligeramente ordenados sobre patrones geométricos de gran sencillez, las más veces romboidales (*Bodas de Caná, Epifanía* de Filadelfia, *Ecce Homo* de Frankfurt, etc.) y que se adaptan apropiadamente a la organización espacial de sus cuadros. En este sentido, el Bosco utiliza con frecuencia estructuras arquitectónicas o de mobiliario que ayudan a definir visualmente estos esquemas compositivos.

En las obras de su período central, de madurez, las composiciones se construyen a base de simples planos horizontales yuxtapuestos, de abajo arriba, con elementos de unión orgánica entre ellos y prescindiendo de todo apriorismo que pudiera introducir esquemas geométricos ordenadores y reguladores del conjunto. Gusta el Bosco de una organización, como en los tapices, que se asemeja a una repartición escenográfica teatral, con la embocadura reservada a los episodios secundarios, a los subtemas alusivos al principal; el primer término se convierte en el centro de atención; el fondo inclinado queda reservado a la producción del efecto de ambiente, donde se despliegan sus paisajes llenos de figurillas significativas. A veces, las diversas escenas espolvoreadas por los diferentes planos del cuadro presentan trazos de unión entre sí, que siguen un esquema zigzagueante, como si se trataran asimismo de una paisajística sucesión de colinas suavísimas o riachuelos, que se imbrican en sus laderas y corren en quebrados meandros por las llanuras. Otras veces pueden distinguirse, en las partes centrales de sus tablas, organizaciones geométricas, elípticas, semielípticas, que ordenan diversas escenas en una amplia curva (como hicieran los primitivos flamencos en sus composiciones generales), como actores en un escenario.

En su última época, el Bosco retorna a las composiciones romboidales para sus cuadros de figuras grandes, para los primeros términos, y continúa empleando para los fondos la yuxtaposición o superposición de planos concertados entre sí por los ya citados trazos en zig-zag. Pero también introduce un recurso compositivo completamente nuevo. Sus cuadros bíblicos a base de medias figuras han llamado poderosamente la atención; no sólo por su negación espacial y su *horror vacui* ya comentados, sino también por la aparición de personajes de medio cuerpo. Se han señalado las coincidencias de este tipo de composición con las de los venecianos de fines del Quattrocento, desde Giambellino al Tiziano joven. La tesis que sostiene el viaje a Italia de Jerónimo Bosco podría encontrar en estas características una prueba formal más para reforzar su afirmación. Sin embargo, no es necesario alejarse tanto; las medias figuras en un contexto artístico flamenco se multiplicaban en los retratos y en el tipo de *Virgen con el Niño* de medio cuerpo de Roger van der Weyden, difundido ampliamente por sus seguidores e imitadores y trasladado a otras iconografías como la del *Descendimiento de la Cruz.* De hecho, el Bosco pudo basarse en este tipo de *Madonna* para su *Adoración del Niño* de Colonia o llegar a él a través de la supresión de la mitad inferior de cuadros dedicados a santos penitentes, arrodillados ante un altar, mesa o peñasco. La existencia de estos «soportes» de la parte superior del cuerpo de una figura podía inducir a un artista a suprimir la mitad baja y utilizar el soporte como base de su composición concentrada. Quizá sea significativo de esta reducción intensificadora el hecho de que acaso la primera obra del Bosco con media figura sea un *San Antonio* penitente o tentado, hoy perdido pero que conocemos a través de dos copias con variantes, una en el Rijksmuseum de Amsterdam y otra en el Museo del Prado madrileño (9).

Más arcaico que original o innovador en su sistema compositivo, vemos cómo el Bosco no presta demasiada atención, desde un punto de vista que podríamos llamar estético, a los problemas de índole compositiva. Si su unidad ambiental y atmosférica buscaba la expresión anímica y su estructura simbólica la expresión de un contenido moral, sus composiciones se simplifican en su tendencia a facilitar la lectura de la narración del cuadro. La composición queda justificada por la estructura narrativa de las obras del Bosco.

Parece indudable que las intenciones didácticas y moralizadoras de los cuadros de Jerónimo Bosco propiciaron el desarrollo de los mismos

---

(9) Hay críticos, sin embargo, que consideran estas obras como imitaciones del estilo del maestro en lugar de copias de un original perdido del Bosco.

UN BALLESTERO. Museo del Prado, Madrid.

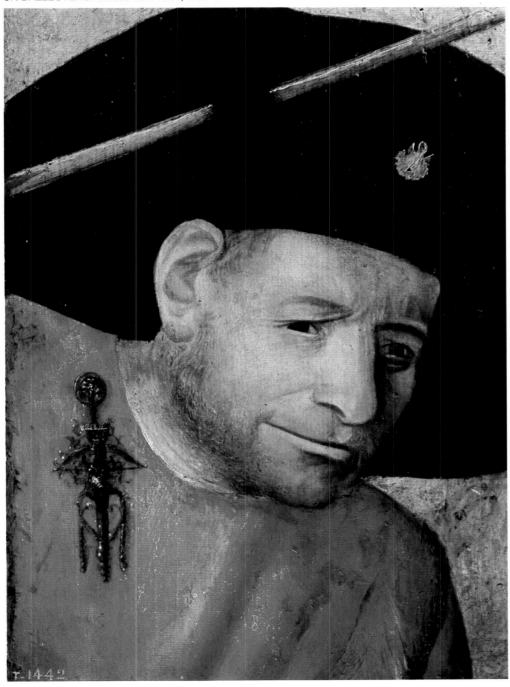

como narraciones edificantes, como «cuentos» (algunas veces divididos en diferentes «viñetas»), ilustraciones de textos didácticos provistos de una moraleja de continua y universal validez. La estructura compositiva de sus obras (a partir de la Mesa de los *Siete Pecados Capitales)* y sus diversas escenas secundarias que completan el significado global de sus «cuadros» abundan en este sentido, colaborando en la transmisión clara de un mensaje. Incluso el carácter narrativo, ilustrativo más que de presentación de «imágenes», parece subrayado por la aparición, sobre todo en el período juvenil, de leyendas explicativas, que facilitan y completan, como un texto al pie de una fotografía, la lectura de una imagen.

Intentaremos profundizar en este aspecto de la obra bosquiana, analizando sus personales fórmulas narrativas e ilustrativas, según sus diferentes tipos de obras. Desde un punto de vista temático, la obra de Jerónimo Bosco podría dividirse en cuatro grandes grupos: las escenas de la vida de Cristo (fundamentalmente de su Pasión), sus imágenes de santos, sus visiones de las ultimidades del hombre y, por último, sus cuadros de tipo más exclusiva y puramente alegórico y moral.

En este primer grupo, el Bosco no pretende sólo mostrar un hecho histórico —*hic et nunc*— de la vida de Jesucristo sino presentar las implicaciones y connotaciones universales y permanentes que de este hecho pueden derivarse. Esta intención aparece ya en una de sus primeras obras como es *Las Bodas de Caná;* en ella el milagro enológico se transforma primero en premonición, de validez universal, de la eucaristía sacramental, el milagro que acaece continuamente al pronunciar el sacerdote las palabras de la consagración; al mismo tiempo, el Bosco otorga un carácter de actualidad al tema evangélico al enmascararlo en una escena de género, casi popular en su representación concreta; el tono moralizante y su sentido de actualización se ven potenciados al permitir la identificación del espectador con lo que sucede en la escena del banquete, subrayándose esta posibilidad con la aparición de los dos mirones del fondo del cuadro con los que, mentalmente, el espectador puede intercambiarse.

Esta presencia de espectadores de las escenas, dentro de un cuadro, es un recurso profusamente utilizado por el pintor, desde la *Epifanía* juvenil de Filadelfia a la tardía del Prado. Este mismo valor puede tener la proliferación de sayones, en muchedumbres vocingleras y hostiles, en sus escenas de la Pasión, como «extras» de película o comparsas teatrales, que alcanzan en ocasiones casi una categoría protagonista que in-

EL CONCIERTO DEL HUEVO. Palais des Beaux-Arts, Lille.

vierte el sentido tradicional de la iconografía: los sayones son los personajes principales del drama (los espectadores) y Cristo desaparece como personaje *histórico*. Esta deshistorización de las escenas pasionales se acentúa al ridiculizar —por medio de la caricatura deformante— a los representantes del pecado y el mal y restar, así, «seriedad» al hecho histórico. En esto también el Bosco se hace eco de una antigua tradición de la poesía didáctica medieval, que no presentaba al demonio y lo maligno frente a Dios y el bien en un conflicto agónico, dramático, en cierta forma revestido de dignidad —como en las antiguas psicomaquias— sino ridiculizado.

En estos cuadros de la Pasión, el maestro de 's-Hertogenbosch introduce con frecuencia (el máximo se encuentra acaso en las grisallas del *Tríptico* de Lisboa) diferentes escenas secundarias que, sucesivamente acaecidas en la narración evangélica o añadidos personales introducidos por el artista, se nos presentan de forma visualmente «sincrónica» pero cuya lectura detallada requiere un itinerario «diacrónico» a través de las diversas zonas del cuadro. En otras obras, el carácter narrativo lleva al pintor a incluir diversas escenas sucesivas de la historia evangélica; así, seguramente el *Ecce Homo* u *Ostentatio Christi* de Filadelfia, fragmento secundario de una composición mayor hoy perdida que tendría, como tema principal, un *Camino del Calvario*.

Así pues, estos cuadros de tema bíblico se nos presentan como premoniciones o alegorías moralizantes más que como imágenes, «historias», de un evento histórico y sagrado; como «cuentos» o narraciones con moraleja —aplicables a todos los espectadores en cierto sentido— y no como «iconos», como imágenes reverenciales y dignas de iconolatría. Exactamente igual que con sus imágenes de santos, ni siquiera sus *Ecce Homo* o sus *Ostentatio Christi* —dos de las iconografías más puramente asimilables a los sacros iconos— se nos muestran como imágenes sagradas sino como narraciones morales.

Asimismo, los santos del Bosco se nos aparecen como ejemplos de vida moral pero no como iconos mudos, abstractos en su mensaje. También se nos aparecen estos santos en escenas de sus vidas, en episodios hagiográficos (recordemos el *Santiago* y *San Bavón* de Viena). En una u otra tipología iconográfica, los santos aparecen inmersos en el mundo —del que pretenden aislarse o que los trastorna, tienta e inquieta—, un mundo siempre presente. Esta presencia mundana —vista casi siempre desde una óptica negativa— se concreta a través de

símbolos o de episodios secundarios de carácter anecdótico (incendios, muertes, desastres) que refuerzan el sentido de «presente» de sus obras. El carácter narrativo se potencia a través de estos recursos y alcanza su clímax en las tentaciones, visualizadas en diferentes escenas —reales o imaginadas por el santo— que ilustran puntualmente los diversos tipos de pecaminosos atractivos del mundo que nos rodea. En el de *San Antonio* de Lisboa, tres escenas de la vida del santo anacoreta se nos despliegan por medio de las tablas del tríptico, sucesivas viñetas que ilustran una narración literaria. En esta obra, como en otras, el sentido narrativo encuentra otro vehículo apropiado en los símbolos encubiertos premonitorios o alegóricos ya comentados.

En el grupo de obras de temática visionaria, en torno al Juicio Final y las Ultimidades, el discurso se hace más fácil en su narración y el carácter moral de sus cuadros —eminentemente religiosos— encuentra sencillos cauces para una ejemplificación, en un repertorio de nuevas viñetas, ejemplos de validez universal. Los recursos narrativos del Bosco hacen ya su aparición desde los cuatro tondos secundarios de su juvenil mesa de los *Siete Pecados capitales:* muerte, juicio, paraíso e infierno. Si en los tres primeros círculos recurre a modelos iconográficos tradicionales y mantiene una unidad en las escenas pintadas, es en el infierno donde despliega, como es lógico, toda su imaginación. El infierno es un lugar de padecimiento pero no en abstracto, sino de castigos muy concretos, adecuado cada uno de ellos a los diferentes pecados cometidos por el condenado. Esta tipología dantesca de penas y pecados permite al artista desarrollar su visión infernal como un compendio de escenas de tortura, más física que moral naturalmente. El carácter didáctico e ilustrativo está subrayado por las leyendas manuscritas que acompañan a cada tipo de pena y hacen referencia directa a la transgresión de las leyes divinas y los mandamientos (en concreto a los pecados llamados capitales o mortales). Dado que este es el tema del tondo central de la mesa, se podía haber soslayado este recurso antinaturalista, más propio de estampa moralizante que de tabla pictórica; sin embargo, el Bosco no lo ha hecho y mantiene este anacrónico convencionalismo aclaratorio.

Esta tipología, en este caso de los futuros difuntos (que recibirán su merecido premio o castigo), vuelve a aparecer en sus siguientes obras visionarias, sus fragmentarias tablas de la *Muerte del Réprobo* y *Muerte del Justo* de Nueva York o la *Muerte del Avaro* de Washington. Si en las primeras el tránsito se ha producido ya y el alma del difunto es asaltada por diablos o ángeles, en la segunda se refleja el momento del óbito (como en la Mesa anterior), tratado como una escena casi de costumbres. En las primeras se marcan los diferentes pasos del itinerario del alma del muerto, en secuencias múltiples enmarcadas por un solo escenario, en la segunda el carácter genérico de la representación elimina la ubicuidad del pecador pero sin eliminar las escenas subsidiarias que nos narran el entorno vital y espiritual del avaro agonizante.

Estos rasgos comunes se repiten en obras posteriores, más desarrolladas desde un punto de vista figurativo y conceptual, como las *Visiones del Más Allá* de Venecia, los *Juicios Finales* de Munich, Viena y Brujas o en el propio *Jardín de las Delicias* de Madrid, éste quizá premonición del juicio final a partir del primer juicio de la humanidad, el Diluvio universal. En algunos de ellos la tabla lateral izquierda acoge a unos elegidos que alcanzan el Cielo; ni siquiera la enorme capacidad imaginativa del Bosco le permite inventar una «atractiva» vida paradisiaca y tiene que recurrir a un edénico Cielo terrestre. En otros, la tabla izquierda recoge la escena del Pecado original, desarrollándose en ella la narración del Génesis a través de diversos episodios desparramados por el paisaje. En la mayoría de estos trípticos el Juicio Final de iconografía tradicional (la resurrección de los muertos, como aparecía ya en la Mesa escurialense, y el peso de las almas por parte del arcángel San Miguel) se reduce a la presencia divina que juzga (con ángeles anunciantes y trompeteros, a veces la Virgen y San Juan como intermediarios en la intercensión y un grupo de santos «en comunión») para dar paso al castigo de los condenados. Esta escena absorbe casi por entero las tablas centrales como prolongación del infierno lateral.

Son interesantes algunas de las fórmulas formales bosquianas, por su originalidad y fuerza visual, como los del tríptico veneciano. Se ha perdido buena parte del carácter anecdótico y episódico de otras obras para transformar las tablas en cuadros de mayor enjundia conceptual, en los que la imaginación del pintor ha seguido otras sendas, más abstractas, como dirigidas a un cliente más culto que el espectador común. El número de figuras de las tablas comienza por reducirse con respecto al de otras obras y las escenas subsidiarias pierden buena cantidad de su carácter anecdótico. En la *Caída de los Condenados* éstos se ven arrastrados hacia abajo, hacia un abismo oscuro y tenebroso acosados por los demonios; en el *Infierno,* un ardiente paisaje lagunar o fluvial, una figura atormentada por un diablo medita, como si quisiera recordar las causas de su penosa situación, mientras otros condenados, a su lado, cumplen ya sus puniciones o son arrastrados, el agua al cuello, por la oscura corriente; la *Entrada al Empíreo* se nos presenta como un gran cilindro visto en perspectiva (señalado por sus fajas concéntricas que producen su iluminación a contraluz) hacia el que son absorbidas las almas por los rayos de la luz divina que se difunden desde el fondo del «embudo»; las figuras de los elegidos y los ángeles, las almas y los seres incorpóreos, parecen disolverse al avanzar en su camino hacia el Paraíso celeste. En estas tres visiones se ha suprimido casi por completo lo anecdótico y lo episódico, lo narrativo, y es sustituido por unas visualizaciones «globales» que producen sentimientos más abstractos, a base de sensaciones más connotativas que denotativas de situaciones de validez universal. En estas tablas la imaginación del Bosco raya a gran altura aunque tengan poco que ver con algunas otras de sus obras más conocidas y tópicas.

También tiene que ver con las pinturas venecianas el Tríptico del *Diluvio* de Rotterdam. Si en los tondos exteriores se torna a la tipología (el diablo en la ciudad, el diablo en el campo, el hombre que se salva y el que se condena), en las tablas interiores prevalece sobre la escena episódica el sentido de la sensación ambiental, atmosférica, más espiritual y más pictórica del mundo antediluviano y después del diluvio, como premoniciones del Juicio Final y, por lo tanto, de idéntica significación escatológica. Es posible que este tema, visto con ojos más optimistas en apariencia pero con una intención final similar, sea asimismo el del *Jardín de las Delicias;* pero en este tríptico la estructura narrativa, quintaesenciada, elimina todo trazo de visualización sensitiva. En ambas obras, no obstante, se mantiene la fórmula didáctica de la representación de «hechos históricos» como premonición de situaciones universales y permanentes, aunque latentes.

En el cuarto grupo de obras en que hemos dividido la pintura del maestro de 's-Hertogenbosch, de temas estrictamente alegóricos, se tiende a camuflar sus últimos contenidos con temas que, a primera vista, pudieran parecer profanos pero que encierran siempre un propósito moral y didáctico. Las escenas de género de la mesa de los *Siete Pecados Capitales* lo manifiestan de forma evidente, mostrándonos las distintas clases de pecado en sus aspectos más consuetudinarios y buscando en la proximidad del ejemplo la fácil identificación del espectador con los protagonistas de cada una de las viñetas. Todo espectador puede verse reflejado en una u otra estampa (incluso la conformación de la

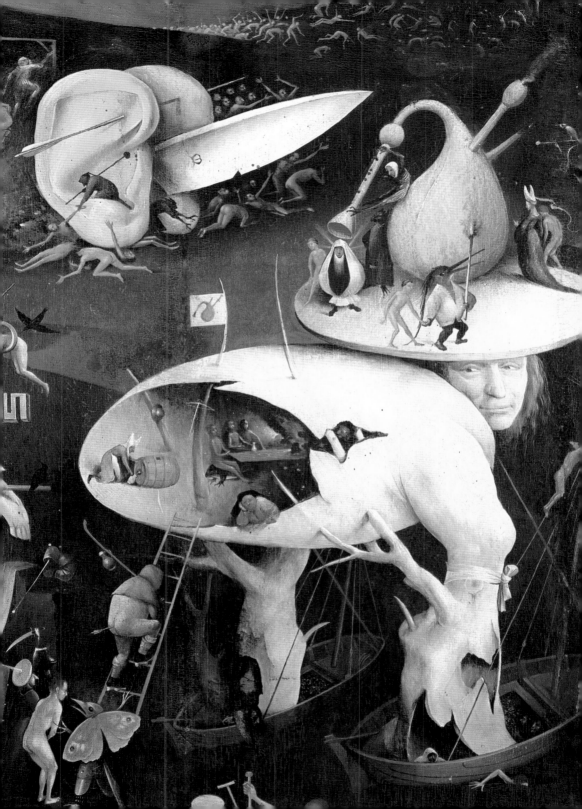

tabla en compartimentos radiales, uno para cada pecado —con su leyenda—, nos trae a la memoria los prácticos manuales de confesión contemporáneos y el tondo central parece querer sustituir a uno de los típicos espejos circulares de la época). De esta manera, al aproximar el pecado a la realidad cotidiana, el espectador puede hacer su personal examen de conciencia. El detallismo escenográfico y anecdótico y el eco de los pecados humanos en el mundo animal (el perro dormido junto al fuego, el can que envidia el hueso de su congénere) o irracional humano (el niño aprendiz de glotón) refuerzan y vivifican las intenciones del artista que demuestra, por otra parte, una sorprendente capacidad para captar la realidad humana en su transcurso cotidiano y vulgar. El tono satírico, de ridiculización, con que el Bosco recubre las acciones pecaminosas —motivo de burla y escarnio— facilita a su vez el efecto de hipotético rechazo por parte del espectador; a la invitación al arrepentimiento y al propósito de la enmienda por atrición más que por contrición, se añade una invitación por razones del qué dirán, basada en las convenciones sociales.

En este sentido abunda *El Prestidigitador* de Saint-Germain-en-Laye, que nos presenta una escena de la vida cotidiana de la época para denunciar la credulidad de muchos, tanto en materia profana y terrenal como espiritual y en el que aparecen incluso representados los que se mofan (o se aprovechan para despojarlos) de los crédulos por ingenuidad. En *La Nave de los Locos* del Louvre, *La Piedra de la Locura* madrileña o *La Alegoría de los Placeres* de La Haya se entiende, sin abandonar los resursos de la escena de género, y el tono burlón, a otros métodos, más apoyados en las narraciones literarias o en representaciones tradicionales como la de la *Batalla entre el Carnaval y la Cuaresma* holandesa.

En estas obras el Bosco se acerca más a la pura alegoría, olvidando la técnica «retórica» de la perífrasis visual al representar un concepto o una idea por medio de su materialización en el ámbito de la vida cotidiana del hombre. Dentro de este nuevo formulismo podría también incluirse *El Hijo Pródigo* de Rotterdam, variación del caminante por la senda de la vida del *Carro del Heno* y que podría ser una ilustración de la sentencia de Freidank «No sé con certeza quién soy ni a dónde voy», refiriéndose naturalmente al camino y fin de la vida del hombre.

El tema del loco inconsciente (como los antediluvianos del tiempo de Noé), tan familiar en el momento gracias a los místicos del siglo XIV y a

BATALLA ENTRE CARNAVAL Y CUARESMA. Galería Cramer, La Haya.

los humanistas contemporáneos, con su consiguiente olvido de la religión y lo sacro y su interés ciego por lo terrenal, se amplía en el madrileño *Carro del Heno*. Si podemos encontrar su fuente literaria en el refranero flamenco, que identifica el carro del heno con la lucha por los fútiles bienes mundanos, los detalles del cuadro se apartan ya del mundo proverbial para caer, de lleno, en el ámbito de lo anecdótico, de la escena de género, de la historieta satírica. Entre el Paraíso y el Infierno corre la carreta como una representación de la historia del hombre; la escena se llena de escenitas que evidencian la locura de todos los estados, clases o estamentos sociales, de todas las edades, oficios y condiciones, en una pintura de una colectiva locura pero, al mismo tiempo, profundamente analizada y clasificada en sus protagonistas, inclinaciones y miras, tentaciones y caídas.

En resumen, la aburrida, muchas veces, y pedante envestida de la literatura moral de la época contra los vicios de su tiempo pierde en manos de nuestro pintor su plúmbea monotonía. Las obras del Bosco son atractivas, incluso divertidas por las satíricas humoradas que contienen, inquietantes por los misterios que en muchos aspectos todavía encierran y, sobre todo, son un repertorio, inagotable y de una variedad que no puede cansar, de imágenes fantásticas, de anécdotas y cuentecillos, de símbolos, narraciones literarias o visualizaciones sensitivas que siempre nos enriquecen y admiran, ante el prodigio creativo de su portentosa imaginación visual.

Al estudiar la evolución estilística del Bosco, el primer problema que se plantea es el de su punto de arranque. La falta de noticias sobre su aprendizaje artístico ha permitido a los historiadores de su pintura buscar influencias tanto en el medio flamenco, en sentido estricto, como en el holandés, entre cuyas órbitas y centros artísticos principales se situaría la branbantina ciudad de 's-Hertogenbosch. Así, se ha hablado de la influencia de Dirk Bouts de Haarlem (10), de Geergten tot Sint Jans, también de Haarlem (11), del Maestro de la *Virgo inter Virgines* de Delft (un pintor y diseñador de grabados casi expresionista con una obra cargada del impacto popular de las estampas) (12); de Roger van der

---

(10) L. von Baldass. *Hieronymus Bosch.* Viena, 1943.
(11) H. Dollmayr. «Hieronymus Bosch und die Darstellung...» *Jahrbuch der Künsthistorischen Sammlungen,* 1898.
(12) W. Cohen. «Hieronymus Bosch» en *Thieme-Becker Künstlerlexicon,* IV. 1910, pp. 386 y ss.

Weyden de Bruselas (13), del Maestro de Flémalle (14) o de Jan van Eyck (15) en persona, cuyos condenados del *Juicio Final* de Nueva York se han aducido en concreto como fuente de las demonologías bosquianas; o, ampliando el campo de las influencias, se ha hablado asimismo de Martin Schongauer (16), del altorenano Maestro E. S. (17) o de Erhard Reeuwich de Utrecht, identificado con los Maestros del *Hausbuch* y del Gabinete de Amsterdam (18) y el famoso ilustrador (con una temática que aparece también en el Bosco) de las «Peregrinationes in terram sanctam» (1486) de Breydenbach.

Hoy, tras las investigaciones de Baldass (19), Benesch (20) y De Tolnay (21), la crítica se inclina a aceptar un aprendizaje local, en el ambiente familiar de los van Aken y, por lo tanto y a pesar de las fechas, todavía inmersos en el estilo Gótico Internacional pre-eyckiano, en el «estilo blando» *(soft Style, weicher Stil).* De Tolnay hipotizó una escuela de 's-Hertogenbosch, provinciana y retardataria, y estudió como antecedentes del estilo de Jerónimo Bosco las obras de la dinastía de los van Aken y otras producidas en la ciudad de Brabante. Así analizó algunas obras al fresco de la colegiata de San Juan (como un *Arbol de Jesé,* un *San Nicolás* y un *San Pedro y Santiago*) de comienzos del siglo XV y, en especial, la *Crucifixión con Donantes* de 1444, fresco atribuible a su abuelo Jan van Aken.

Según esta teoría, el punto de partida del arte del Bosco habría sido la tradición fresquista de estilo altogótico (ca. 1390-1400) e internacional (ca. 1400-1420), apartada desde un punto de vista cronológico y pictórico de las innovaciones flamencas surgidas alrededor del segundo tercio del siglo XV. Este bagaje sería el manifestado por las obras bosquianas del período juvenil, datable entre 1475 y 1480/5 (22). Estas obras

(13) Carl Justi. *Miscellaneen aus drei Jahrhunderten spanischen Künstlenens.* 1908 (antes 1899), II, pp. 61-93; antes como artículo en el *Jahrbuch der preussischen Künstsammlungen.*
(14) H. Hymans. «Les Musées de Madrid. Le Musée du Prado IV. Ecoles du Nord. Les Primitifs. La Renaissance.» *Gazette des Beaux-Arts,* 1893.
(15) Baldass. *Op. cit.*
(16) *Max Dvořák. Künstgeschichte als Geitesgeschichte.* Munich, 1924.
(17) Sobre el Maestro E. S. Véase, M. Geisberg. *Die Kupferstiche des Meisters E. S.* Berlín, 1924.
(18) Dirk Bax. *Hieronymus Bosch, his picture-writing deciphered.* Rotterdam, 1979.
(19) L. von Baldass. «Betrachtungen zum Werke des Hieronymus Bosch.» *Jahrbuch der künsthistorischen Sammlungen in Wien,* 1. 1926, pp. 103-22.
(20) Otto Benesch. «H. Bosch and the Thinking of the late Middle Ages.» *Konsthistorisk Tidskrift,* 1957, pp. 21-42 y pp. 103-27.
(21) Charles De Tolnay. *Hieronymus Bosch.* Basilea, 1937.
(22) La cronología de De Tolnay en *op. cit.* y reediciones; J. Combe. *Jérôme Bosch.* París, 1964, propone la cronología más restringida en la duración de los períodos.

primerizas muestran todavía el recuerdo del colorismo brillante del Gótico Internacional y, también, de la escuela de Haarlem y, al mismo tiempo, una tímida asimilación de las conquistas en el campo del paisaje y la perspectiva de los primitivos flamencos. Es éste el período del Bosco de mayor simplificación, desde su plegado de los paños de sus figuras a sus simples esquemas compositivos geométricos, romboidales; pero aparecen también algunas de sus más personales características: su sentido didáctico, su desinterés por la perspectiva monofocal y su tendencia a las «visiones caballeras», su exageración de la realidad (según las convenciones tradicionales y populares góticas), su gusto por la «ridiculización», sus escenificaciones de lo pecaminoso en hábito cotidiano y genérico o su consecución de efectos monumentales por medio del bloqueo, con un «muro» de los fondos de sus escenas. Son característicamente exclusivos de este período su dibujo inseguro, su interés por los interiores arquitectónicos, la independencia de figuras y paisajes (difícilmente imbricados), la pobreza y rigidez de los movimientos de sus figuras, su colorido «puro», sin matices, o su más tardío tratamiento angular de los paños.

A este primer período pertenecen obras de tipo profano, como *La Piedra de la Locura* del Prado o *El Prestidigitador* o *El Mago* de Saint-Germain-en-Laye (con su composición basada en el contraste de una *masa* y una *figura* «milagrosa» de tradición trecentesca italiana), o de tipo más estrictamente religioso, como la mesa de los *Siete Pecados Capitales* del Prado, las *Bodas de Caná* de Rotterdam, la *Epifanía* de Filadelfia, la *Crucifixión* de Bruselas (para algunos críticos tardía) o los *Ecce Homo* de Frankfurt y Boston. En la *Mesa* madrileña, en su conformación, el Bosco enlaza con grabados del siglo XV; también se han puesto en relación con xilografías de la época las iconografías de los tondos esquinales, la *Muerte* en concreto con una estampa del Maestro E. S. para el «Ars moriendi», o el *Infierno* con grabados flamencos (como los del «Calendrier du Berger») de tradición trecentesca italiana. Las *Bodas* acusan la influencia ambiental de la *Ultima Cena* de Lovaina de Dirk Bouts (las composiciones con mesa en forma de «L» aparecían ya en el XIV italiano y en el XV flamenco) y del Maestro de Flémalle, en las figuritas y el espacio por implicación (23). La *Crucifixión* recuerda la

---

(23) Se ha denominado «espacio por implicación» o «interior por implicación» el método de representación de un espacio interior que se basa sobre todo en el efecto de profundidad que crea un suelo que retrocede violentamente, a expensas de la desaparición de la mayor parte de las paredes laterales del interior; quede o no un fondo arquitectónico o meramente neutro.

obra de su abuelo Jan (24); la *Epifanía* nos trae a la memoria las composiciones de Robert Campin y su discípulo Jacques Daret. Los *Ecce Homo* (el de Boston quizá de taller) se conectan igualmente con grabados contemporáneos, sobre todo en la figura de Cristo.

Para otros críticos, la *Epifanía* de Filadelfia o la *Crucifixión* de Bruselas pertenecerían ya a un período intermedio, de 1480 a 1485 en el que aparece ya un mayor sentido del movimiento, el Bosco combina las formas curvas de su primer período con otras angulares, pinchosas y entre las que sobresalen los pliegues quebrados de los ropajes de sus figuras, tan típicas de la primitiva pintura flamenca. En esta etapa de transición a su período de madurez estilística todavía quedan ecos de su primera forma en la rigidez y esquematismo en la distribución de los elementos compositivos. Su técnica está menos depurada de lo que será en lo sucesivo, pero sus obras contienen ya, en embrión, motivos que reaparecerán más tarde y en forma mucho más elaborada. Se nota una creciente capacidad de impacto, el dibujo se va haciendo cada vez más fluido y expresivo pero al mismo tiempo hay recuerdos de su factura juvenil, vacilante y audaz, sobre todo en el paisaje, en el que evita los esquemas divulgados hasta la fecha; se aproxima en su audacia a las obras de comienzos de siglo, a las procedentes de las corrientes artísticas provincianas.

El período de madurez abarcaría para De Tolnay las obras de los años 1480-1510 y, para Combe, por ejemplo, las de 1485-1505 (25). Las obras de esta etapa central representan la elaboración y el desarrollo de los gérmenes que han ido apareciendo hasta el momento. De este período son sus obras más conocidas como *La Nave de los Locos* del Louvre, el *Carro del Heno* y el *Jardín de las Delicias* del Prado, el *Tríptico del Diluvio* en Rotterdam, el retablo de las *Tentaciones de San Antonio* de Lisboa, el *Juicio Final* de Viena o las venecianas *Visiones del Más Allá.* Su pintura es ya *alla prima,* llena de expresividad, a base de una escritura cursiva e inmediata. El tema central de sus tablas se fracciona en una infinidad de subtemas alusivos en los que las representaciones y símbolos se entrecruzan de manera inextrincable: aparecen los «biche-

---

(24) Con añadidos, por ejemplo, del arte de Roger van der Weyden (pies del Cristo y airoso paño de pureza, flotante de forma decorativa y opuesta a la quietud de la figura crucificada, de tal modo que subraya el efecto dramático de la composición).

(25) Uno de los más recientes estudios sobre el Bosco, el de Patrik Reuterswärd. *Hieronymus Bosch.* Uppsala, 1970, propone otra nueva cronología: antes de 1490, 1490-1504 y 1504-1516.

CURACION DE LA LOCURA. Museo del Prado, Madrid.

jos» (hasta entonces animales más o menos monstruosos pero aislados y sin mezcla de elementos humanos); cada figura posee un significado que la forma tiende a subrayar; en cada imagen, expresión alusiva de un símbolo, se descubre, semioculto, un concepto.

En algunas de estas obras el maestro de 's-Hertogenbosch continúa dependiendo en cierta medida de grabados anteriores, aunque va independizándose poco a poco de la fuente originaria. El Maestro E. S. y sus grabados del «Ars Moriendi» subyacen en *La Muerte del Avaro* de Washington pero a su composición incorpora un «proescenio» en primer término, a la manera del Maestro de Flémalle y Roger van der Weyden, en una utilización de fuentes ajenas que no es ya una mera citación; en *La Nave de los Locos* parisina depende de una estampa de la «Stultiferae naviculae...» (1498) de Jodocus Badius, pero lo que en ella era puramente lineal se ha convertido en luz y color; en el *Cristo con la cruz a cuestas* de Viena hay un influjo de un grabado de Allaert de Hameel (a su vez, influido por Jan van Eyck y, en última instancia, por Giotto a través de la tradición francoflamenca) en la composición y en la corona de cabezas de obras de Meister Franke y la tradición alemana de mediados de siglo; el *Ecce Homo* de colección privada suiza se hace eco de una de las xilografías de la *Gran Pasión* de Alberto Durero, para convertir su sentido plástico en pictórico.

En sus grandes trípticos, en cambio, las filiaciones estilísticas o compositivas son mucho más difíciles de señalar. Sus figuras pequeñas podrían derivarse de la miniatura (Horas de Turín-Milán, Horas de Chantilly), así como algunos de sus temas aislados (como algunos del *Jardín de las Delicias*) podrían tener relación con las ilustraciones de textos como las de Reeuwich o las del «Livre des Merveilles du Monde» de la Morgan Library; las visiones mentales del *San Antonio* lisboeta recuerdan asimismo miniaturas como las del libro de Horas de John de Bedford del British Museum de Londres. Sin embargo, es aquí donde la originalidad del Bosco brilla a mayor altura. En el tríptico portugués, la pincelada tiende de nuevo a estatificarse, aun sin perder la fluidez y soltura que manifestara en el *Carro del Heno,* mientras los paños se ondulan en curvilíneas formas que recuerdan las arquitecturas decorativas del gótico flamígero, *flamboyant.* Las imágenes, incluso, se enfocan con una mayor intensidad; la composición tiende a su continuo desarrollo, el espacio se torna un elemento fantasmagórico y sus cuadros nos recuerdan constelaciones estelares de episodios brillantes, extremada-

EL CONCIERTO DEL HUEVO *(frag.).* Palais des Beaux-Arts, Lille.

mente precisos gracias a un pincel que capta las más sutiles esfumaturas de un contorno o un movimiento; el detalle se nos presenta con un furioso rigor en la figuración que conserva, no obstante, toda la inaferrable fluidez de su trazo y su caudalosa complejidad. En el *Jardín* filipino culmina este tipo de técnica del Bosco, quizá la más medievalista y, al mismo tiempo, la más moderna para nuestros ojos, como en el *Juicio Final* de Viena. Las escenas misteriosas, lugares comunes de la literatura mística o humanista más que exponentes de heterodoxia o simples pinceladas satíricas, se hinchen con los motivos que harán al Bosco universalmente famoso y una de las fuentes de la imaginación de la cultura occidental, con sus diablos contaminados de elementos humanos, animales y vegetales o sus paisajes mineralizados en su ser vegetal.

En el *Tríptico del Diluvio* Jerónimo Bosco rompe con las imágenes tradicionales, inventa las suyas propias —a partir del texto bíblico— de forma total, no sólo en detalles, y abre un personalísimo camino al paisaje, en estas tablas casi un género pictórico independiente y que en la grisalla del *Jardín de las Delicias* —con su globo terráqueo recién creado o recién anegado y sus brillos o su arcoiris— se convierte en el primer paisaje puro de la pintura moderna. En las *Visiones* de Venecia, otra de sus obras más originales e independientes, más innovadoras desde otro punto de vista, el Bosco sustituye las imágenes «objetivas» y tradicionales de las jerarquías celestes e infernales «por visiones subjetivas que se corresponden con las concepciones [literarias] de los grandes místicos y sólo existen en el mundo interior» (26).

Paso al último período, van a dar otro tipo de obras, difícilmente adjudicables a una u otra etapa, como algunas de sus escenas de la Pasión de Cristo o imágenes de santos. Así, el *Cristo con la Cruz a Cuestas* del Palacio Real de Madrid, las *Coronaciones de Espinas* de Londres y El Escorial (éstas con sus medias figuras y su fino modelado en los rostros a pesar de la «bestialización» de algunas de sus caras), el *San Juan Evangelista en Patmos* de Berlín, el *San Jerónimo Penitente* de Gante, el *San Juan Bautista* del madrileño Lázaro-Galdiano, el *San Cristóbal* de Rotterdam o los retablos venecianos de *Santa Julia* o *Santa Liberata* y de los *Eremitas* (San Jerónimo, San Antonio y San Gil), estas dos últimas obras con una curiosa técnica granulada. En estos cuadros, de temática e iconografía más típica de la época, conviven los elementos

---

(26) Ch. De Tolnay. *Hieronymus Bosch.* Londres, 1966, p. 30.

tradicionales, los préstamos (composición similar a la de algunos grabados del Maestro E. S. o Schongauer en el *San Juan* berlinés, por ejemplo) con las creaciones propias del Bosco (composición del *San Jerónimo* tendido en el suelo, en oración, de Gante).

En las obras tardías de nuestro pintor, posteriores a 1510, se cierra la búsqueda del maestro brabantés por la evidencia inmediata y colorísticamente intensa de las formas. Se va manifestando una distensión espiritual, poco a poco parece que se vaya librando de las pesadillas religiosas anteriores, se hace patente la serenidad que porporciona un programa ideal firmemente seguido; intensificándose su lúcida e intensa visualización formal. El Bosco aclara su paleta y sus figuras se aproximan, en majestad, a las de obras eyckianas o del Maestro de Flémalle pero sin que se llegue a mitigar por completo la inquietud previa, que resta unidad a una inquietante calma. Así en la *Adoración de los Reyes Magos* del Museo del Prado o en muchos de sus cuadros de santos penitentes.

En aquella obra, como en un efecto de rebote tras su hipotético viaje a Italia, del que ya hemos hablado extensamente, el Bosco vuelve la mirada hacia Jan van Eyck y Robert Campin, los creadores de la pintura flamenca primitiva. La postura de la Virgen y el Niño recuerdan, como sus movimientos y su tratamiento del plegado, la *Virgen del Canciller Rollin* de Jan; la composición nos trae a la memoria, con su paisaje contemplado a vista de pájaro, la *Natividad* de Dijon del Maestro de Flémalle o el altar de *Santa Columba,* de Munich, de Roger van der Weyden, su discípulo y casi rival. Los monstruos han desaparecido, casi por completo en esta fase de su arte; las figuras cobran un volumen y una masa inusitadas hasta el momento y que lo acercan a las corrientes más innovadoras de la pintura flamenca del siglo XV, las herederas de la escultura de Claus Sluter. Sin embargo, quedan todavía rasgos anteriores y típicamente suyos: la discontinuidad espacial entre los tres paneles o los detalles (como el San José calentando los pañales del Niño) que pueden remontarse al arte pre-eyckiano. El tríptico de la *Epifanía* de Anderlecht prolonga este tipo de obra bosquiana.

Esta influencia de los grandes artistas de la centuria que acaba de pasar (Geertgen, Bouts, sobre todo) se deja sentir también en las *Tentaciones de San Antonio* de Nueva York, con su disminución numérica y de intensidad expresiva de los monstruos tentadores y su subordinación de los colores a una coloración general, armónica, de sólo dos tonos. Con el sentido calmo de esta última obra enlaza el *San Antonio* del Prado y, con el colorístico sobre todo, el *Hijo Pródigo* de Rotterdam, con su tendencia a la monocromía y su fina técnica de esfumaturas. Ambas obras aportan nuevas soluciones, por otra parte, a iconografías más tradicionales de estos temas.

Sin embargo, frente a este momento en el que Jeroen van Aken consigue equilibrar su fuerza creativa y el peso de la tradición artística contemporánea (como se ve también en sus lienzos de San Juan de 's-Hertogenbosch), surge otro en el que otras obras tardías se oponen completamente a este equilibrio y calma interna o, por lo menos, invierten su sentido. El *Cristo con la Cruz a Cuestas* de Gante o el *Cristo ante Pilato* de Princeton presentan una mezcla de maldad inquieta y activa y una calma ambigua, dual, acaso inexplicable, enmarcándose en composiciones de un nuevo tipo al que ya nos hemos referido largamente. La horrenda caricatura, los perfiles, las medias figuras o cabezas y bustos, el *horror vacui,* la falta de espacio se contraponen, en su sentido opresivo, a la calma —de muy distinto signo— de Cristo, Pilato o la Verónica. Movimiento o gesticulación, desinterés o ensimismamiento se muestran en las mismas tablas, como congelados, detenidos un instante en precaria situación, como si se tratara de una calma que pronto ha de dar paso a una tormenta, oscureciéndose la paleta del pintor, ensombrecida por las nubes que amenazan un torrente de lluvias y males.

Con estas obras se cierra la actividad bosquiana. Después de este intento de análisis estilístico en evolución ¿podemos hablar de evolución en el arte del Bosco? No en un sentido tradicional, desde luego. Es difícil, por otra parte, asentir. No existe desarrollo lineal, continuo, «lógico»; los elementos más medievales de su pintura no corresponden a sus primeros años; las influencias de otros artistas y otras obras parecen sucederse sin razón evidente; surgen, desaparecen por un tiempo y tornan sin razones plausibles. Durante los tres grandes períodos bosquianos no existe tampoco unidad estilística; se podrían señalar diferentes subperíodos —imposibles de concretar desde un punto de vista cronológico— completamente opuestos aparentemente entre sí. A veces, cuesta trabajo marcar límites a una de sus sendas más típicas; otras, aceptar dataciones suministradas por los estudiosos de su obra; otras, los saltos parecen explicables. La pluralidad es, siempre, excesiva.

Y sin embargo, por diferentes y contrapuestas, todas las obras del Bosco llevan impreso un sello peculiar y pueden rastrearse denominadores comunes de tipo estilístico en su conjunto. Todas ellas responden misteriosamente a una mano y una cabeza, las del misterioso, único, unitario, plural y contradictorio Jerónimo Bosco.

IV
EL CONTENIDO
DE LAS OBRAS DEL BOSCO

Por encima de todo Jeroen van Aken, Bosch, es un hombre de su tiempo que en sus cuadros se muestra un mordaz crítico de la sociedad en que vive como pintor. Se ha intentado explicar la iconografía de sus obras y su realidad biográfica haciéndole protagonista de cada uno de los temas que expone con sus pinceles: para unos es un hereje de los *hermanos del espíritu libre,* por el contrario otros le consideran un orto-doxo católico; mientras que algunos le tienen por un cofrade de una secta masónica, hay quien ve en él un poseso demoniaco; no faltando quien le toma por un alquimista, un obseso erótico o un moralista. Como se puede apreciar el juicio sobre el artista es contradictorio, y sin embargo en casi todos ellos hay algo de razón, en tanto en cuanto la opinión que se emita esté basada en considerar al artista juez y parte. ¿Quién podría afirmar hoy que un pintor o un fotógrafo es el protago-nista de los iconogramas de sus obras? Por regla general es tan sólo testigo o crítico de lo que le rodea; el pintor del siglo XV está aún muy lejos del artista comprometido de nuestro siglo XX. De idéntica manera hemos de juzgar al pintor de 's-Hertogenbosch.

Como veremos más adelante, en su obra apreciaremos el vitalismo típico de una sociedad en crisis, en cuyo seno —costumbres, mitos, símbolos y supercherías medievales— se gesta el germen del huma-nismo renacentista. Elementos constitucionales de este momento y de esta sociedad son la herejía, la fe, la moral, la alquimia, la brujería, el erotismo, lo demoniaco y, como aglutinante de todo, la religión. Es por ello por lo que la obra pictórica de Bosch aparece impregnada de todos estos temas al ser su testimonio.

No se piense que el juicio sobre Jeroen van Aken es una excepción: iguales críticas contradictorias sufren Fernando de Rojas o M. François Rabelais. Sus obras, «La tragicomedia de Calixto y Melibea» y «Gargantúa y Pantagruel», reflejos de una sociedad y de una época idéntica en la primera y solamente diferente en unos decenios en la segunda, poseen personajes movidos por una temática similar a la bosquiana. Los autores juzgados contradictoriamente, acusados de protagonistas activos de todo cuanto sucede en sus escritos, Rojas, Rabelais y Bosch no son más que artistas que testimonian con sátira, mordacidad y extraordinaria fantasía una humanidad crispada por el parto de una nueva concepción vital. ¡Qué próximas están las fantasías de Rabelais de la obra bosquiana!

A continuación haremos un breve análisis de la iconografía bosquiana; para una mejor comprensión hemos hecho una división en cuatro apartados: el hombre de su época, «Vita Christi», los santos y glosario de símbolos. En el primer apartado, como en un cajón de sastre, hemos reunido una serie de cuadros que tienen como protagonista al hombre coetáneo de Jeroen van Aken; aquí podemos apreciar una iconología didáctica-moralizadora, siempre supeditada a los designios divinos; por ello no es raro ver aparecer la figura de Cristo o del mismo Dios como testigo o coautor de las manifestaciones humanas. Jesucristo será el protagonista de los cuadros del segundo apartado; no hay duda que la iconología de estos incide directamente en la sociedad que los contempla, y que, en parte, influye en la interpretación de la mentalidad del hombre; en este sentido los cuadros podrían incluirse en el primer apartado, aunque por su entidad preferimos constituir un grupo distinto. Lo mismo podríamos afirmar del tercer grupo, los santos; como diremos en la introducción de este capítulo, algunos santos están tan próximos a los hombres en su concepción iconográfica, que podríamos encontrar sus figuras entre las gentes de aquella sociedad brabanzona en la que vivia Bosch.

En la interpretación iconográfica primero y su lectura iconológica posterior, hemos preferido dilucidar la idea general del cuadro, antes de entrar en una lectura aislada de todos los elementos iconografiados. En primer lugar por una cuestión de facilidad interpretativa, procurando mantenernos dentro de una línea de rigor histórico; en segundo lugar porque en el espacio dedicado en estas páginas sería imposible resumir los rarísimos y polivalentes iconogramas representados en los cuadros. La intención general de la mayoría de la obra bosquiana resulta comprensible: hay testimonios literarios y plásticos que nos permiten reconocer su mensaje en líneas generales. La duda, el problema, está a la hora de querer interpretar los mínimos detalles, queriéndolos subordinar

a una interpretación determinada, porque han perdido su valor de símbolos en muchas ocasiones —no son más que meros elementos decorativos— o su polivalencia emblemática es tan variada que cada una de las versiones que se les da, por dispares que sean, pudiera ser tenida en cuenta por Bosch. Convendría que el lector completase el estudio de los cuadros con la lectura de los símbolos más representativos reproducidos en el glosario final.

EL HOMBRE DE SU EPOCA

La crítica social, el espíritu moralizador, he aquí la idea básica de las principales pinturas del maestro de 's-Hertogenbosch; no el hereje *adamita* que ha querido ver Wilhelm Fraenger (1). Resulta esclarecedor que, aun en el mismo siglo en que muere nuestro pintor, un espíritu celota de fe cristiana, católica y romana, como el de Felipe II, sea el mejor coleccionista de su obra. En aquella España del siglo XVI, conmocionada por problemas de ortodoxia cristiana, sería inconcebible que el paladín de la cristiandad tuviese para su solaz la obra de un hereje o un maniaco sexual. Uno de sus primeros comentaristas, Fray Jose de Sigüenza, no duda en señalar el carácter ético, es decir, moralizador de su obra, cuando escribe: «... vease en ellas —sus pinturas— casi todos los Sacramentos y estados y grados de la Iglesia, desde el Papa hasta el más ínfimo, *dos puntos en que todos los hereges estropieçan,* y los pintó en muchas veras y con gran consideración, que si fuera herege no lo hiziera... Quiero mostrar agora que sus pinturas no son disparates... y por dezirlo de una vez, es una satyra pintada de los pecados y desuarios de los hombres» (2).

Veremos más adelante, al analizar cuadro por cuadro su producción pictórica, que en ella no hay nada sospechoso de herejía y sí mucho de la realidad religiosa (cristiano-católica) de la época. Si por problemas de interpretación dudamos de algún símbolo concreto, el conjunto del tema nos confirma su ortodoxia, pues siempre el mal —el pecado en su sentido más amplio— recibe el castigo correspondiente. El mal está siempre representado a través de lo disforme, de lo monstruoso, siguiendo la tradición medieval. En este mismo sentido se manifiesta la

---

(1) Sobre el Bosco y los adamitas vid. «Die Hochzeit zu Kana. Ein Dokument semitischer Gnosis bei Hjeronimus Bosch», Berlín, 1950 y «Bosch», Dresde, 1975.
(2) Vid. nota 10 del capítulo I.

MESA DE LOS SIETE PECADOS CAPITALES. LA LUJURIA. Museo del Prado, Madrid.

plasmación de los espacios: ordenados, correctos, de armoniosos colores en las creaciones de mano divina; desorden y confusión en las posesiones satánicas; resulta muy aleccionador el comparar en este sentido los paraísos e infiernos de los más importantes trípticos.

Bosch a través de sus pinturas intenta corregir las instituciones, las costumbres, pero eso no es una originalidad suya, sino que él sólo plasma en imágenes lo que una minoría selecta está realizando en la sociedad europea de los siglos XV y XVI. Como ha escrito Huizinga, la vida entera estaba tan empapada de religión que amenazaba borrarse a cada momento la distancia entre lo sagrado y lo profano. La elevada espiritualidad de la Edad Media se halla en decadencia; el sentimiento religioso ha quedado desnaturalizado, si no debilitado, por una profanación progresiva. Contra esto han reaccionado la *devotio moderna,* teólogos y religiosos como el exegeta francés Lefevre d'Etaples (1450-1536) (3), los canónigos de Windesheim en los Países Bajos, en Alemania el místico Juan de Staupitz (1460-1524); todos ellos pretenden limpiar la Iglesia de ceremonias inútiles y sacrílegas, y favorecer la supervivencia de la fe popular; para ello es necesario volver a las fuentes, a los principios bíblicos en general y evangélicos en particular. En resumidas cuentas se pretende el *cristianismo puro* que divulgó, por los mismos años que el Bosco, Erasmo de Rotterdam (1467-1536). Jeroen van Aken moraliza, critica con sátira e ironía a los hombres de su entorno social. Para representar su iconografía no duda en recurrir a lo popular, incluso no desdeña lo soez y sórdido para ser más veraz, pero el fundamento del castigo, el espíritu moralizador, se inspira en principios evangélicos o sentencias eclesiales propias de esta élite reformista de finales del XV, no dudando el pintor en transcribir citas bíblicas concretas que aclaren el paradigma moral de alguno de sus cuadros (*Mesa de los Siete Pecados Capitales*). En alguna ocasión el principio bíblico parece no existir; sin embargo, el análisis exegético del proverbio popular que inspira la composición denuncia inmediatamente su relación con la Biblia; en este sentido léase el comentario que hacemos más adelante del *Tríptico del Heno.* Estos recursos de acudir a lo popular para esclarecer principios de índole moral eran muy del gusto de los predicadores de la época.

La visión cósmica que se manifiesta en la obra bosquiana está entre las dos concepciones tópicas y típicas que Burckhardt atribuye al

<hr />

(3) En 1494 aparece su obra «Ars moralis».

mundo medieval y al renacentista, es decir, entre el teocentrismo del Medievo y el antropocentrismo del Renacimiento. Si observamos los *Siete Pecados Capitales,* veremos cómo plástica e ideológicamente la humanidad gira en torno de la divinidad. *El Hombre* del Museo Boymans-van-Beunigen parece la evidencia pictórica del humanismo renacentista; y no es el hombre indiferenciado de una humanidad revuelta, enmarañada y confusa del *Jardín de las Delicias,* sino que es el individuo y su propia vivencia. La explicación evidente de esta convivencia de concepciones humanas contrapuestas está justificada por la realidad biológica del pintor; vive en los años del cambio, y no puede sustraerse a esa ambivalencia conceptual que caracteriza todas las manifestaciones humanas de este momento. En una obra literaria contemporánea, ya citada, «La tragicomedia de Calisto y Melibea» (1498) vemos cómo en ella se manifiesta la misma dualidad vital que acabamos de citar: la interpretación vivencial de los enamorados, Calisto y Melibea, es puramente renacentista, mientras que el mundo de Celestina y sus criados está adscrito a la más pura tradición medieval.

Un punto conflictivo en la iconografía bosquiana, de él se valen algunos críticos para acusarle de herético, es el anticlericalismo (4). El ver cómo los frailes pueden ser los protagonistas de la lujuria en la *Nave de los Locos, Jardín de las Delicias,* etc., o de cualquiera de las lacras de la sociedad que reproduce Jeroen van Aken, no es más que la manifestación plástica de algo que es normal en la mística, dentro de la propia iglesia flamenca en particular y europea en general. Erasmo ha escrito en su «Elogio de la locura», *monachus non est pietas.* Un fragmento literario muy sugestivo nos parece éste que reproducimos de Rabelais: «... ¿Y cómo sigue el abad Tranchelion el buen bebedor? y los demás monjes, ¿se dan buena vida? ¡Cuerpo de Dios!, besuquean a vuestras mujeres mientras vosotros vais de romería... Así cojas las viruelas si a vuestro regreso no las encontráis todas embarazadas, pues la sombra de un campanario de abadía es muy fecunda» (5). El pasaje literario coincide en ironía e intencionalidad con los monjes caricaturizados por Bosch en el *Tríptico del Heno,* el *Tríptico de las Tentaciones de San Antonio* del

---

(4) Existe en Bosch para algunos autores una temática clerical y otra anticlerical; para su estudio vid. Lucien Febvre, «Le problème de l'incroyance au XVIe siècle. La religion de Rabelais», Paris, 1968, pp. 17 y 18. Para Fraenger esta antítesis se justifica porque Bosch trabajaba para dos mecenas diferentes: la Iglasia y un *adversario revolucionario* (W. Fraenger, «The Millenium of Hieronymus Bosch. Outlines of a new interpretation», Londres, 1952, p. 18.
(5) F. Rabelais, «Gargantúa y Pantagruel», vol. I, pp. 121-122. (Edic. Barcelona, 1971.)

Museu Nacional de Arte Antiga de Lisboa, etc. No citemos sólo personajes que alguien pueda juzgar de ortodoxia dudosa, iguales críticas de cierta parte del clero podemos ver en los escritos de Juan Gerson, Dionisio Cartujano, Nicolás de Clemanges, Pierre d'Ailly, etc. Un siglo después, en la *clericalísima* España, Fray José de Sigüenza, cuando contemplaba el tratamiento satírico que se daba al clero en el *Tríptico del Heno,* no encontraba en ello nada de herético. Una vez más el maestro de 's-Hertogenbosch no hace más que trasplantar a sus cuadros algo que es absolutamente normal para los hombres de su época.

El erotismo, posiblemente las picardías eróticas sean parte de lo más sugestivo de su producción, pero tampoco aquí se aleja de lo que los propios moralizadores eclesiales escribían o predicaban. Desde el inicio de la *edad gótica* teólogos y predicadores van introduciendo en sus obras cuentos, metáforas y símiles cada vez más encendidos, donde lo carnal y lo espiritual terminan confundiéndose; diríamos que eligen este lenguaje para mejor atraer la atención de sus oyentes. Entre éstos la licencia de costumbres es absoluta, los nacimientos ilegítimos son práctica habitual de la época: dieciocho bastardos tiene el duque Felipe; el obispo de Lieja, Juan de Heinsberg, catorce o quince; se llegan a citar sesenta y tres de Juan II de Cleves. Lo curioso es que estos pecadores carnales a la vez eran profundamente religiosos: Felipe el Bueno, un lujurioso contumaz, ayuna a pan y agua cuatro días por semana; su devoción es acusada. El arte de finalidad religiosa también se hace eco de esta ola erótica, y así podemos constatar como, a la vez que la literatura religiosa traza parangones de la Virgen María con Eva, en la escultura y en la pintura la Virgen va adquiriendo formas sensuales que la aproximan a ideales venusinos; ejemplo harto significativo es la Virgen del famoso *Díptico de Melun,* en la que Fouquet (1420-1481) reproduce los famosos senos de Agnes Sorel, amante de Carlos VII. Alain de la Roche (1428-1475), famoso predicador, para captar mejor la atención de su auditorio y ser más persuasivo, introducía en sus sermones imágenes obscenamente sensuales. Si en el púlpito se llega a la imagen erótica, ¿qué no hará Jeroen van Aken en sus cuadros? Movido por su espíritu de verismo pictórico reproduce las escenas de un pueblo que, como hemos visto, era especialmente proclive a la sensualidad. Ahora bien, nunca en la obra bosquiana el pecado carnal queda sin su correspondiente castigo, una vez más el sentido moralizador, que quizá no sintiera el Bosco como artista, pero ha de contentar al cliente que ha encargado la obra.

EL JARDIN DE LAS DELICIAS *(frag.)*. Museo del Prado, Madrid.

Hablábamos al principio del Bosco como testigo de la sociedad en que vive, y como tal a través de sus imágenes podemos observar elementos propios de la alquimia. Esta constituye un factor importante del clima espiritual de la Edad Media: alquimia y brujería se confunden y son reiteradamente perseguidas por la iglesia lo que confirma su importan cia (6). Posiblemente Bosch estaba familiarizado con el tema; no olvidemos que las visiones de Tundalo habían sido impresas en 's-Hertogenbosch en 1484 (7). Ahora bien el que conozca aspectos relacionados con la alquimia no nos permiten considerarle un practicante de ella; más teniendo en cuenta que ni una sola obra suya conservada desarrolla una iconografía que induzca a una lectura completa de índole alquimista. Como veremos en el apartado dedicado a la «Vita Christi», las *Bodas de Caná* (8) no muestra ningún elemento que rompa la iconografía tradicional y ortodoxa de la época. Posiblemente muchos símbolos reproducidos en su obra están relacionados con la alquimia, pero lo que, hoy por hoy, resulta imposible aceptar es esa larga relación de temas, que de una manera arbitraria se aduce como prueba. A continuación citamos algunos de los motivos considerados símbolos procedentes de la alquimia: el árbol hueco, los híbridos, el huevo, la Virgen y el disco solar (*San Juan en Patmos*), el Niño-Mercurio (*Tentaciones de San Antonio* de Lisboa), el cuervo, el cordero, la piedra (*San Juan Bautista* del Lázaro-Galdiano), los herreros de los infiernos, los paisajes cósmicos, la estrella de Salomón, los diferentes metales, los minerales, la esfera, etc. Indudablemente todos estos temas pueden tener una simbología propia de la alquimia, pero ¿de cuántas otras cosas más? Incluso podríamos aceptar esa exégesis alquímica de los distintos elementos, pero no olvidemos que muchos de estos motivos han sido asimilados por el vocabulario místico y son ya propios de este último desde los escritos de Ruysbroeck (1294-1381).

Junto a estas interpretaciones, más o menos consecuentes con la aportación de unos textos y unas imágenes que permitan corroborarlas

---

(6) Es la época en que Inocencio VIII promulgó la célebre bula, «Sumnis desiderantes affectibus» (1484), para combatir la difusión de las prácticas mágicas; poco después se publicaba en Estrasburgo el terrible «Malleus Maleficarum» (1487) por el que se combate cruelmente a las brujas.

(7) Ya había aparecido una edición holandesa, «Het boek van Tondalus vysioen», en 1482. Esta obra era de origen irlandés; el caballero Tundalo, había vivido en el siglo XII; su espíritu viajó por el más allá durante tres días. Se trata de una visión oscura que constituye una de las fuentes de la iconografía visionaria y demoniaca.

(8) El aparador representado en este cuadro ha sido considerado como el altar de una secta iniciatica. Vid. Eugène Causeliet «L'Alchimie et le Mutus Liber».

en el espacio y en el tiempo, existen visiones sobre Jeroen van Aken y la iconografía de su obra puramente subjetivas, sometidas a las modas y a las formas de los críticos posteriores; estos juicios pierden su valor cuando la circunstancia en boga que los ha provocado ya ha sido superada; como se puede comprender son puramente arbitrarios, pues nunca le es válido a un historiador juzgar el pasado con los parámetros de una época distinta. Los críticos no dudaron en aplicar el *psicoanálisis freudiano* cuando éste se puso de moda (9). El desarrollo que a partir de los años cincuenta tuvieron las drogas en nuestra sociedad ha hecho que Robert L. Delevoy intente explicar el fenómeno bosquiano por efecto del llamado «ungüento de brujas», cuya fórmula se contiene en una obra del siglo XVI; este brebaje consiste en una droga alucinógena (10).

A lo largo de esta breve introducción hemos intentado demostrar que la intencionalidad de la iconografía bosquiana, en temas tan comprometidos como los llamados aspectos heréticos, anticlericales, eróticos, alquimistas, no es más que la transposición en imágenes del contenido reformista de la *devotio moderna* flamenca y de una serie de personajes religiosos que confluyen en el llamado *cristianismo puro* de Erasmo de Rotterdam; y no dudemos, estas ideas, en el siglo XV, todavía están dentro de la ortodoxia católica y romana.

Sin duda hay una clara diferencia entre la trascendencia de los escritos latinos de los clérigos reformistas y la de las pinturas del maestro de 's-Hertogenbosch; a los primeros sólo pueden llegar las minorías intelectualizadas, a las imágenes bosquianas, impregnadas de vivencias populares, llega todo el pueblo que las contempla. Con esto Bosch no hace más que cumplir en sus obras con la tradición didáctica y moralizadora que impuso a las pinturas eclesiales San Gregorio: las imágenes en los templos servirán de instrucción a los indoctos. Por ello, concluiremos diciendo, que Jeroen van Aken divulgó en sus imágenes un espíritu moralizador y reformista que sólo así podría ser asimilado por el pueblo (11).

---

(9) Vid. la obra de De Tolnay.

(10) Robert L. Delevoy, «Bosch», Ginebra, 1960, p. 76.

(11) Sólo indagando en las miniaturas de los libros del siglo XV y XVI podremos encontrar los precedentes de la mayoría de los iconogramas fantásticos de Bosch. Estos libros propios de minorías selectas no estaban al alcance del pueblo y, posiblemente, Bosch encontró en ellos las imágenes que le sirviesen para divulgar los principios intelectuales de estas minorías.

LA CURACION DE LA LOCURA, Museo del Prado, Madrid.

> ... Las cosas van mal cuando el sabio va a operarse de
> su locura a casa de los locos.
>
> (proverbio flamenco)

Es ésta la primera obra conocida de Bosch y en ella vemos aún la escena de género que caracteriza gran parte de la pintura flamenca.

La interpretación iconológica ha sido variadísima; Fraenger ve en este cuadro la expresión simbólica de la castración; la versión de Brand Philip es aún más sofisticada, de carácter astrológico; el cuadro pertenecía a una serie sobre la genealogía de los planetas.

El letrero en caracteres góticos dice: «Maestro, extrae la piedra; mi nombre es tejón castrado» (otros autores traducen el nombre por «simplón»). Fuera de disquisiciones iconológicas a posteriori, parece lo más evidente que el cuadro sea una ilustración al proverbio flamenco que recogemos al principio tal como señaló Marcel Brion hace muchos años. En él se critica la locura y la idiotez que dirigen el mundo: un charlatán médico —el embudo, símbolo de la ciencia, lo caricaturiza— extrae un tulipán lacustre de la cabeza del paciente, ante la presencia de un monje arengador y una monja atónita por el peso de la ciencia.

Bosch critica aquí con feroz ironía la necedad del pueblo burlado por los charlatanes-médicos. ¡Tan necio y loco está el mundo que las gentes acuden a curarse por los locos embaucadores! Erasmo decía que la medicina es el arte que tiene más relaciones con la locura. Unos versos de Rabelais nos dan la visión literaria del tipo de caricatura similar a la plástica de Bosch en cuanto a la intención formal, aunque los oficios sean diferentes:

> La pelota en la bragueta
> En la mano una raqueta
> Una ley en la muceta,
> Y un danzón en el tacón:
> Así los doctores son (12).

---

(12) F. Rabelais, Op. cit. vol. I, p. 175.

LOS SIETE PECADOS CAPITALES: La redención del pecado humano, Museo del Prado.

Es gente sin consejo
no tienen conocimiento;
Si fueran sabios comprenderían esto.
Y atenderían a lo que les espera
... Esconderé de ellos mi rostro.
Veré cuál será su fin...

«Deuteronomio», 32—28, 29, 20 (13)

Es una obra en la que el medievalismo es acusado, no sólo en la presencia de iconogramas como el *juicio final,* sino también en la intención moralizadora del conjunto y, sobre manera, en esos letreros explicativos. La fantasía del Bosco todavía no ha madurado, aunque encontramos embriones de sus fantasmagorías posteriores, y las imágenes en su mayoría corresponden a escenas de género del repertorio de la pintura flamenca.

Sobre la iconología del cuadro se han planteado hipótesis audaces, llegando a hablar incluso de *mandalas* indios. Parece evidente, por los letreros del *Deuteronomio* que se citan en la obra, que la humanidad ha perdido el juicio, el hombre se deja arrastrar por los pecados; éstos, los capitales, se desarrollan, en el anillo central, en graciosas escenas de género donde la vida popular aparece pintada con encanto y malicia. Pero, no todo está perdido; en el centro, en el iris de un enorme ojo que todo lo ve, es el ojo de Dios —*Deus videt*—, aparece Cristo con nimbo crucífero —imagen salvadora— emergiendo del sepulcro y mostrando las llagas. Parece evidente que aquí el pintor hace referencia a la redención del pecado por medio de su pasión, muerte —simbolizadas por el nimbo crucífero y las llagas— y resurrección —Cristo está saliendo del sepulcro—.

A los fieles cristianos, coetáneos de Bosch, no solamente se les conmovía con la muestra de los signos de la pasión de Jesucristo, sino que era necesario hacerles temblar recordándoles, los *novisimos* —muerte, juicio, infierno y gloria—; éstos aparecen pintados en los cuatro círculos de las esquinas. Bosch, como los predicadores de su época, quiere obligar a los que contemplan sus cuadros a meditar sobre la muerte.

_____

(13) Citas reproducidas por Bosch en los letreros del cuadro.

Inuidia

Con igual intencionalidad se divulgaban por estos años libros como el «Art de mourir», «Ars moriendi», «De quattuor Novissimis», etc. (14). Este carácter de recordatorio para el exámen de conciencia del bien morir parece confirmarlo Kurt Pfister, al señalar que sirvió de consuelo a Felipe II a la hora de su agonía (15).

EL PRESTIDIGITADOR o ESCAMOTEADOR, Museo Municipal, Saint-Germain-en-Laye.

> «Quien escucha a los ilusionistas
> pierde el dinero y los niños se
> burlan de él.»

Con algunas escenas de *Los Pecados Capitales* este cuadro es un auténtico tema de género; en él Jeroen van Aken se manifiesta como un verdadero continuador de la escuela de Haarlem.

El cuadro sirve para hacer una crítica mordaz de la tontería y la credulidad humana, parece ilustrar el proverbio que citamos al principio. Sobre su interpretación iconológica se han formulado multitud de hipótesis: para Fraenger sería una castración ritual de herejes, en forma satírica; Brand-Philip, incluyendo el cuadro dentro de una serie, piensa que es el símbolo del elemento agua, el temperamento flemático y el planeta luna. Desde nuestro punto de vista se fuerzan demasiado los elementos iconográficos, ¿por qué no puede ser más que la ilustración de un proverbio? ¿Sería esto anormal en la pintura flamenca? No, en absoluto. Creemos con L. Ninane (16) que todos los elementos considerados simbólicos, sombrero alto, embudos, bolas vacías, la lechuza que asoma en el cesto, son útiles usados comúnmente por los escamoteadores y que aparecen en el cuadro, no por necesidad simbólica, sino por la ambientación necesaria para la comprensión del tema. Sin duda alguna es una escena de género que la aguda, incisiva y maliciosa mirada del autor ha convertido en epigrama plástico contra la estupidez humana.

---

(14) Para esta obra y la *Muerte del Avaro* posiblemente Bosch se inspiró en el «Ars moriendi». En 1492 A. Verard publicó «L'art de bien Mourir». Del éxito de «De Quattuor Novissimis» del monje cartujano Dionisio Rijckel son testigo sus ediciones: más de cuarenta ediciones latinas y numerosísimas francesas, castellanas, flamencas e italianas.

(15) Kurt Pfister, «Hieronymus Bosch», Kiepenheuer, Potsdam, 1922.

(16) L. Ninane, «Le siècle de Bruegel» s. l., 1963.

LA MUERTE DEL AVARO, National Gallery of Art, Washington.

> ¿Qué vale su christiandad
> ni a la cruz dezir «adoro»
> si con toda voluntad
> adoran más de verdad
> las mujeres o el thesoro?

«Coplas de Vita Christi»
Fray Iñigo de Mendoza

La muerte ha sido tratada en varias ocasiones en la obra bosquiana: *La Muerte del Réprobo, La Muerte del Justo* y, sobre todo, en *Los Siete Pecados Capitales.* Aparece aquí unida al tema de los *novísimos* (muerte, juicio, infierno y gloria). Como hemos dicho en el siglo XV se crea el *Ars moriendi,* íntimamente relacionado con la primera de las *postrimerías,* diríamos que viene a ser su ampliación narrativa; las gentes de esta centuria atormentadas por el tema necesitan que se lo clarifiquen. En el *Ars moriendi* se citan las cinco tentaciones con las que el demonio acecha al moribundo: la duda en la fe, la desesperación por sus pecados, la afección a sus bienes terrenos, la desesperación por su propio padecer y, finalmente, la soberbia de la propia virtud. Cada vez que Satán se manifiesta en una de sus tentaciones, aparece un ángel para confortar y ayudar en su elección al moribundo.

Vemos en el cuadro iconografiada la tercera de estas tentaciones. El moribundo, noble caballero a juzgar por las armas —a la derecha abajo—, se encuentra indeciso entre la cruz y la bolsa del dinero que le ofrece un demonio de Satán; éste presencia la escena desde el dosel de la cama. Un ángel viene a ayudarle en su elección; hay poco tiempo, la muerte entreabre la puerta de la alcoba. Bosch yuxtapone en el mismo espacio una escena del tiempo pasado, recurso plástico de clara raigambre medieval; el caballero durante su vida parece seguir literalmente los versos de Fray Iñigo de Mendoza, sí, es cristiano, reverencia la cruz de su rosario, pero prefiere guardar en su cofre el oro que le ofrece el demonio.

Nos parece este cuadro poco bosquiano; falta la ironía, el sarcasmo o el humor que caracterizan las obras moralizadoras o costumbristas del maestro de 's-Hertogenbosch, como si de pronto se hubiese olvidado de la crítica burlona y trate el tema con la seriedad que caracteriza sus obras que desarrollan la vida de Cristo. ¿Por una vez Jerónimo van Aken, como los hombres de su época, se angustia por la muerte?

LA BARCA DE LOS LOCOS, Musée du Louvre, Paris.

> «Erramos en busca de puertos y de orillas
> y jamás podemos tocar tierra;
> nuestros viajes no tienen fin,
> pues nadie sabe dónde abordar
> y así el descanso huye de nosotros día y noche.»

«Das Narrenschiff»
Sebastian Brandt (17)

Zafond en 1914 relacionó la tabla con la obra literaria de Sebastian Brandt, «Das Narrenschiff» —«Barco de los locos»—. Parece evidente que los versos de esta obra citados al principio pueden ser un pie válido para el iconograma bosquiano; sin embargo, el tema no es original, ya era conocido en Brabante desde comienzos del siglo xv en obras como el poema, «De Blauwe Scuut» («La barca azul») de Jacob van Oestuoren (18). La intencionalidad iconológica es evidente: una sátira de la sociedad en general y del clero en particular (19). Posiblemente es esta obra una de las que menos significación tiene en símbolos concretos, y cuyos componentes desarrollan realísticamente acciones que configuran una escena de género: un franciscano y una monja, ante una mesa con un plato de cerezas, cantan alegremente al son del laúd que tañe ella; tres personajes más les acompañan con sus voces; otra monja reclama con una jarra en la mano, que otro personaje la llene de un vino que se enfría en un recipiente que cuelga de la amura; un hombre trepa hacia un pollo; otro más vomita, con toda seguridad mareado por el licor; dos más, totalmente ebrios, se han desnudado y arrojado al agua. Sobre una rama, como dominando toda la acción, una figura de *tarots* liba de una taza el generoso vino que anima todo el barco. Aquí, en este sujeto, está la clave de la lectura iconológica del cuadro. Su similitud con algunos personajes imbuidos de necedad que ilustran el «Elogio de la locura» de Erasmo de Rotterdam, editada en 1515, con grabados de Holbein, nos inclinan a identificarlo con la personificación de la locura o la necedad que se ha apoderado de todos los personajes. Estos parecen animados por la Necedad en persona tal como escribe Erasmo: «Digan lo que quieran las gentes acerca de mí (pues ignoro cuán mala fama tiene la Necedad, aun entre los más necios), sola, yo soy, no obstante, la

---

(17) La obra se imprimió en 1494 en Basilea, la traducción francesa aparecerá en 1497.

(18) Es el tema del barco transportando a un grupo de vividores.

(19) Vid. La obra de Lucien Febvre citada en la nota 4.

que tiene virtud para distraer a los dioses y a los hombres. Si queréis una prueba de ello; fijaos en que apenas me he presentado en medio de esta numerosa asamblea para dirigiros la palabra, en todos los rostros ha brillado de repente una alegría nueva y extraordinaria, habéis desarrugado al momento el entrecejo y habéis aplaudido con francas y alegres carcajadas, que, a decir verdad, todos los aquí presentes me parecéis ebrios de néctar y de nepenta como los dioses de Homero, mientras hace un instante os hallábais tristes y preocupados, cual si acabaseis de salir del antro de Trofonio» (20).

La obra de Bosch es anterior al «Elogio de la locura», pero el espíritu y las formas de la obra erasmista ya circulaba por Brabante desde dos siglos antes, acrecentándose su importancia en el siglo XV.

TRIPTICO DEL HENO: La humanidad pecadora, Museo del Prado, Madrid.

«El mundo es como un carro de heno y cada
uno coge lo que puede.»

(Proverbio flamenco) (21)

Las dos caras externas del tríptico configuran una única escena: el hombre en el proceloso camino de la vida. ¡Qué próximo en su intención al caminante extraviado en el canto primero de la «Divina Comedia»! «A la mitad del camino de nuestra vida, perdido el recto sendero, me encontré en una oscura selva: duro y difícil sería contar cómo era aquel paraje inhóspito, intricado y áspero... así mi ánimo, aún fugitivo, volvióse a mirar aquellos parajes» (22). El estado físico y material del peregrino es lamentable, el deambular vital lo ha dejado tan abatido que se vuelve con un rictus de amargura y melancolía, dando la espalda a los bandidos, a la pareja de lujuriosos —los aldeanos que danzan al son de la gaita—, defendiéndose con el bastón de las acechanzas de un fiero perro. Su lastimoso caminar se ensombrece aún más por la presencia de unos cuervos revoloteando sobre unos huesos y, sobre todo, por la existencia de una horca cuya silueta se recorta sobre el celaje del fondo; ante ésta se abigarra la multitud en macabra expectación.

---

(20) Erasmo de Rotterdam, «Elogio de la Locura», edit. Madrid, 1970, p. 27.
(21) El proverbio no está documentado antes de 1823, pero, como parecen demostrar las referencias de Morales, ya era conocido en el siglo XVI.
(22) Dante Alighieri, «La Divina Comedia», edic. de Barcelona, 1974, p. 33.

Nuestro personaje, aunque malparado, ha salido triunfante sobre los males que le acechaban. No le atrae ninguna de las necedades humanas; los hombres, no comprendiendo esto, le llaman loco, para ellos es inconcebible que no se deje arrastrar por las pasiones tal como veremos en las imágenes del interior del tríptico.

El mensaje moralizador resulta evidente; pero, ¿de dónde procede el iconograma y la exégesis de la idea? El personaje ha sido casi siempre relacionado con el veintidós Arcano Mayor de los naipes (23). Representa el final del juego, aquí de la vida. Su iconografía en la baraja es de un hombre con hatillo al hombro y bastón a la diestra; un perro intenta morderle. No dudamos que el iconograma del viejo peregrino coincida con el vigésimo segundo Arcano, pero sólo en tanto en cuanto que está definiendo la imagen de un loco tal como se concebía en el siglo XV. Nuestro loco y todo el desarrollo iconográfico del tríptico corresponde a la ilustración plástica del salmo XIV (XIII):

«1. Dice en su corazón el necio: No hay Dios. Todos obran torpemente, no hay quien haga el bien. 2. Mira Yavé desde lo alto de los cielos a los hijos de los hombres / para ver si hay entre ellos algún cuerdo que busque a Dios. 3. Todos van descarriados, todos a una se han corrompido, no hay quien haga el bien, no hay uno solo. 4. ¿Se han vuelto del todo locos los obradores de la iniquidad, / que devoran a mi pueblo como se come el pan, / sin acordarse de Dios para nada? 5. Ya temblarán con terror a su tiempo, / porque está Dios con la generación de los justos.»

La imagen del loco, caminante por una senda, ilustrando este salmo fue utilizado por Jacquemart de Hesdin (activo de 1380 a 1410-1411) en el «Salterio del Duque de Berry» (24). En el tríptico se amplía la descripción en imágenes de todo el contenido del salmo, diríamos que en éste se señalan cuatro puntos esenciales:

1.º El necio y el mal de su entorno.

2.º Los hijos de los hombres.

3.º Yavé, desde lo alto, contempla cómo se han corrompido los hombres, ni uno solo hace el bien.

4.º Por último se alude al castigo, ya temblarán con terror a su tiempo.

---

(23) Vid. J. Combe, «Jerôme Bosch», París, 1946.
(24) París, Bibl. Nac. fr. 13091, fol. 106.

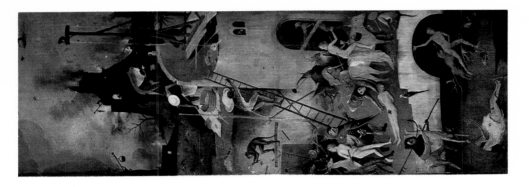

EL CARRO DEL HENO. Museo del Prado, Madrid.

Hemos visto cómo el primer punto del mensaje del salmista queda perfectamente ilustrado. Al abrirse el tríptico contemplamos los tres actos del drama de la Humanidad. La presentación, nudo y desenlace son aquí la creación de la Humanidad —aparición del mal—, el desarrollo de éste entre los hombres, y su castigo en el infierno. Compruébese sobre las imágenes cómo los tres puntos restantes del salmo quedan claramente reflejados.

La creación de la Humanidad en el postigo derecho es el único motivo que no se relaciona concretamente con el salmo, sino que el pintor lo presenta para hacer referencia al origen de los hombres —los hijos de los hombres— y al primer pecado de éstos. La lectura iconográfica de esta tabla de arriba abajo es: los ángeles desobedientes son arrojados de la Gloria de Dios; como seres representantes del mal son monstruosas figuras híbridas, mitad mosquitos y mitad seres humanos. De Tolnay ha señalado que este tratamiento del tema iconográfico es creación del Bosco; pero la idea del mal identificado con los seres indiferenciados, monstruosos, denuncia evidentemente su raíz medieval. Tras la creación de Eva por el Padre Eterno, uno de estos seres, híbrido —parte hombre, parte serpiente—, induce a la primera pareja humana al pecado; después, con la expulsión, se inicia el deambular humano.

En la tabla central, como dice el salmista, mira Yavé desde lo alto de los cielos a los hijos de los hombres, todos se han descarriado, se han corrompido, ni uno solo hace el bien; diríamos que es la apoteosis de la locura humana; el pecado se ha apoderado de las gentes y éstas sólo se mueven por él. Bosch utiliza el proverbio flamenco del heno que hemos citado al principio para ilustrar de una manera más popular el versículo del salmista. Fue De Tolnay, aunque los comentaristas españoles del siglo XVI hacen referencia a ello, quien señaló que esta tabla servía de ilustración a dicho proverbio, pero como podemos comprobar no ha sido más que un recurso del pintor o del cliente para clarificar los principios vetero-testamentarios —recuérdese que este recurso es utilizado por los predicadores y por el mismo maestro de 's-Hertogenbosch para divulgar y hacer más asequible la doctrina cristiana—.

Ya los más antiguos comentaristas del cuadro hacen alusión al heno y lo que simboliza; así el padre Sigüenza escribía: «... estos hijos del pecado y de la ira, olvidados de lo que Dios les manda, que es hacer penitencia de sus pecados y levantar los ojos de la fe a su Salvador que

EL CAMINO DE LA VIDA. Museo del Prado, Madrid.

los ha de remediar, convertirse todos a buscar y pretender la gloria de la carne, que es como heno breve, finito, inútil, que tales son los regalos de la sensualidad, los estados de la ambición y la fama.» Todos, desde el emperador al papa, de la nobleza al pueblo llano, se afanan por conseguir una brizna de heno, o el *summum* de alcanzar la cima del carro.

Este es arrastrado por seres monstruosos, claros símbolos del mal que conduce a la Humanidad. El Padre Sigüenza identifica a estos seres con la soberbia, la lujuria, la avaricia, la ambición, la bestialidad, la tiranía, la sagacidad y la brutalidad. Pensamos que, tal vez, sólo sean símbolos del mal en abstracto, o en todo caso aquellos ángeles desobedientes que se metamorfosearon en figuras diabólicas en la escena anterior.

Sobre el carro, bajo el árbol del pecado, sus símbolos son la lechuza —la herejía o la malicia— y el jarro —la lujuria—, los pecadores movidos por la música —siempre en la obra bosquiana la música es incitación a la voluptuosidad—. Un demonio trompetero parece entonar la danza infernal que mueve a los pecadores. Como contraposición, un ángel implorante al Señor por la Humanidad.

Abajo, y en primer plano, la escenificación de una serie de actos pecaminosos de confusa interpretación: la buenaventura de las zíngaras, la actuación del charlatán, la proposición de una monja a un personaje de sexualidad equívoca —simbolizada por la gaita, etc.—.

Pero por todo ese desenfreno la Humanidad tendrá su castigo; lo advierte el salmista, «ya temblarán con terror a su tiempo»; Bosch abre ante nuestros ojos los horrores del infierno. En el postigo izquierdo, se nos muestra, sobre un muy significativo incendio de fondo, unas construcciones infernales entre las que se pueden ver los demonios y los condenados. Aquéllos fácilmente reconocibles por ser seres monstruosos, sin definición concreta en formas terrenales existentes, siguiendo la idea medieval del ser maligno. Los condenados, desnudos, pues ya han muerto —aquí también pervive el iconograma medieval—, identificados exactamente en el pecado por el que han sido condenados: el lujurioso con el sapo en sus genitales (25), o el ladrón sacrílego, jinete en un buey con un cáliz en la mano izquierda.

_____

(25) En el infierno de *Los siete pecados capitales,* el símbolo sapo aparece unido a los pecadores soberbios. ¿Ambivalencia simbólica? ¿Confusión de Bosch?

TRIPTICO DEL JARDIN DE LAS DELICIAS: La lujuria, Museo del Prado, Madrid.

Sy los vieses, jurarias
que por el dios de Macias
Venderan mil Jhesus Cristos.»

«Vita Christi»
Iñigo de Mendoza

Nos encontramos ante una obra estructurada de igual forma a la del *Carro del Heno,* e inclusive con un desarrollo y una intención moralizadora similar. En la primera se criticaba a la Humanidad zarandeada por la pasión de los pecados en general, mientras que aquí el pecado es uno solamente: la lujuria. Se muestra el maestro de 's-Hertogenbosch como un hombre de clara formación medieval, por lo menos en la intención, la mujer es la culpable del pecado y su transmisora. Sobre esto mismo escribe Georges Duby de los artistas góticos: «Y cuando determinados escultores o pintores se decidían a representar la carne de la mujer en su desnudez, no podían evitar presentarla como culpable» (26). Todavía en el siglo XVI, Erasmo, en el capítulo XVII del «Elogio de la Locura», decía: «Es la mujer un animal inepto y necio; pero por lo demás, complaciente y gracioso... Lo que deleita, pues, en las mujeres, no es otra cosa que la necedad, y así no habrá nadie, piense como quiera en su interior, que no disculpe las tonterías que el hombre dice y las monerías que hace cuantas veces lo disponga el apetito de la hembra» (27).

Los batientes del tríptico cerrados, nos muestran un momento de la creación del mundo; éste es una esfera de cristal, símbolo tal vez de la fragilidad del universo como ha dicho De Tolnay. Arriba se transcribe una cita bíblica: «Dijo y fue hecho, ordenó y fue creado» (28). Arriba, a la izquierda, el Creador. La relación de esta imagen del mundo con las escenas del interior resulta incomprensible.

Abiertos los postigos del tríptico, contemplamos los tres actos de la Humanidad lujuriante: introducción de la mujer en el Paraíso y con ella, la lascivia; en el centro, los hombres en la desenfrenada danza de la locura lujuriosa; en el tercer acto, una vez más la intención moralizadora, el correspondiente castigo de los lujuriosos.

---

(26) Georges Duby, «Fundamentos de un nuevo humanismo, 1280-1440», Barcelona, 1966.
(27) Erasmo de Rotterdam, «Elogio de la Locura», edic. cit., pp. 65 y 67.
(28) Salmo CXLVIII, 5.

En un fantástico Paraíso terrenal tiene lugar la presentación, casi nos atreveríamos a decir entrega, de Eva a Adán por parte del Creador, que bendice la unión. Es aquí cuando se inicia el mal de la Humanidad, Jeroen van Aken no hace más que reproducir plásticamente lo que teólogos y poetas escribían durante el siglo XV, siguiendo la patrística medieval, «culpa de Eva». Algunos autores han querido ver en esta tabla el iconograma de la creación de Eva; sin embargo resulta evidente que ésta ha tenido lugar ya, nos encontramos en un momento más avanzado, el de la consagración de la pareja.

La fantasía bosquiana se desarrolla en la descripción de animales y paisajes. Algunos de estos animales poseen un significado simbólico *per se,* procedente de los bestiarios medievales —se piensa que la base del bestiario utilizado por Bosch se encuentra en los sermones de Alain de la Roche (1428-1475) (29)—, pero lo que resulta imposible hoy es saber si en todos los animales existe una intencionalidad emblemática o simplemente son fruto de una desbordante imaginación decorativa. Lo que no es admisible es la interpretación arbitraria: así un toro, símbolo de la pasión, se dice que acecha a un unicornio, emblema de la castidad; lo cierto es que la interpretación resulta sugestiva, pero los animales no se relacionan (a la izquierda de la fuente). Tal vez una intencionalidad burlona, alegre y desenfadada tenga el conejito situado junto a Eva, clara alusión al sexo femenino, en estas circunstancias auténtico *leit-motiv* de la obra.

En la tabla central los hombres se dejan arrastrar por sus deseos lujuriosos y estallan en una desenfrenada locura general cuyo protagonista es el sexo. El germen, la causa primera de todo es Eva, y así parece indicarlo el Bautista al señalar con el dedo a Eva —ángulo inferior izquierdo del cuadro— según la interpretación de estos personajes dada por Isabel Mateo. La mujer, heredera de Eva, va a inducir a los hombres al pecado; resulta muy elocuente la idea que de todo esto nos da Fray Íñigo de Mendoza en tres de sus coplas sobre la Vida de Cristo; no olvidemos que esta obra está muy influenciada por la literatura mística flamenca: «Que hagan las aficiones / ser tu Dios lo que más amas / bien

(29) Alain de la Roche, dominico, nacido en Bretaña hacia 1428 y muerto en Zwolle en 1475. Se distinguió fundamentalmente como hombre de ciencia, propagador del rosario y orador, en sus sermones en los que se encuentra un extraño bestiario, cuyos animales simbolizan el pecado.

lo muestran las passyones / que en sus coplas y canciones / llaman dioses a las damas; / bien lo muestra tu servirlas, / su raviar por contentarlas, / su temerlas, su sufrirlas, / su continuo requerirlas, / su syempre querer mirarlas. // Bien lo muestra el gran plazer / que sienten quando las miran; / bien nos lo da a conoscer / el entrañal padescer / que sufren quando suspiran; / bien ofrece a la memoria / la fe de sus corazones, / su punar por la victoria, / su tener por muy grand gloria / el sy de sus petiçiones; // su dançar, su festejar, / sus gastos, justas y galas, / su trobar, su cartear, / su trabajar, su tentar / de noche con sus escalas, / su morir noches y días / para ser dellas bien quistos; / sy lo vieses, jurarias / que por el dios de Macias / venderan mill Jhesus Christos» (30). En estos versos y en el cuadro mismo se recoge la tradición ambrosiana, citada también por Jacobo de la Voragine, de que por la mujer ha venido la locura (31).

Resulta evidente que, en toda la tabla central, acciones, paisaje, flora y fauna están relacionados con la lujuria; lo que parece imposible es poder justificar iconológicamente cada uno de los símbolos en una interrelación narrativo-iconológica superior. Diríamos que, por causa del *horror vacui* medieval, hay una adición de acciones y símbolos lascivos fantástico-decorativos, sin duda alguna la mayoría de clara raigambre mística o más corrientemente popular. Los petirrojos y los otros pájaros son símbolos populares de la lascivia. En el centro de la tabla existe una cabalgata libidinosa en torno a la fuente de la juventud; para Bax los animales —leopardos, panteras, osos, leones, toros, unicornios, ciervos, jabalíes— derivados de los bestiarios y escritos místicos serían símbolos de la lujuria. La valva del molusco que encierra a los amantes es normal definición popular de la mujer según De Tolnay; para Bax es la representación del adulterio, que ve en el portador al marido engañado. Junto a éstos, un personaje, en acrobática postura, se masturba; el rojo fruto nos indica que alcanzó su clímax. Ripa en su *Iconología* nos enseña que fresas, frambuesas, cerezas, madroños y uvas son símbolo de lujuria. Y en este mismo sentido tenemos que señalar las formas obscenas de rocas y vegetales. Sería demasiado prolijo y, en la mayoría de las ocasiones, meramente subjetivo —así parece demostrarlo la variedad de interpretaciones de un mismo tema— deducir la intencionalidad de

---

(30) Julio Rodríguez-Puértolas, «Fray Iñigo de Mendoza y sus "coplas de Vita Christi"», Madrid, 1968, pp. 488-489. La obra fue redactada en 1467 ó 1468.

(31) Jacques de la Voragine, «La légende dorée», ed. Garnier-Flammarion, París, 1967, vol. I, p. 264.

EL JARDIN DE LAS DELICIAS. Museo del Prado, Madrid.

Bosch, pues es aquí donde interviene fundamentalmente la fantasía del maestro.

Resumiendo, para nosotros no se presenta aquí más que el testimonio crítico-moralizador de la lujuria; como ya hemos señalado reiteradamente, con este mismo criterio lo juzgaban los autores españoles del siglo XVI y XVII. En el presente siglo sostienen este juicio autores como Xavier de Salas y Ludwig von Baldass (32). También existen autores que pretenden ver en esta tabla central algo más que la simple crítica moralizadora, entre las distintas versiones vamos a enumerar tan sólo tres, tal vez las más difundidas: las de Fraenger, De Tolnay y Sévy.

Fraenger consideraba al Bosco como un miembro de la secta de los «Hermanos del Espíritu Libre», por lo que el *Jardín* sería una ilustración de las doctrinas de esta secta. La libertad sexual sería una de las vías que conducen a la salvación del alma (33). Combe considera que, aunque el Bosco conociera estas doctrinas, lo que hace es condenarlas como parece desprenderse de la lectura lógica del tríptico (34).

De Tolnay, fundándose en la significación moralista, atraído por el éxito que, hace años, tuvo el psicoanálisis, da una interpretación basada en el estudio de los sueños: Bosch pintó el sueño de una humanidad deseosa de manifestar los impulsos de amor del inconsciente. Utiliza para la simbología erótica las teorías de los sueños de Macrobio en el comentario al «Sueño de Escipión el Africano» de Cicerón (35). Y las *claves de los sueños* de finales del XV, como «Les songes de Daniel Prophète) (1482) (36).

M. Gauffreteau-Sévy es el autor de una teoría de menor consistencia, aunque interesante: la gran similitud que hay entre los desnudos le hacen creer que son el mismo hombre y la misma mujer; ambos reiteran incansablemente gestos inacabados; los hombres son cobardes o inhá-

---

(32) Ludwig von Baldass, «Die Chronologie der Gemälde des Hieronymus Bosch», «Berliner Jahrbuch», 1917. Xavier de Salas, «El Bosco en la literatura española», Barcelona, 1943.
(33) La última publicación de este autor corresponde al año 1975. (Vid. Bibliografía.)
(34) Fraenger propone una lectura inversa, Infierno, Jardin y Paraiso.
(35) Macrobio, escritor y gramático de los siglos IV-V, escribió para instrucción de un hijo suyo un comentario al «Somnium Escipionis» de Cicerón, en dos libros, es una especie de enciclopedia de los principales conocimientos que entonces se tenían de los fenómenos físicos. Esta obra influyó considerablemente en la erudición del medievo.
(36) Vid. en la bibliografía las obras de De Tolnay de los años 1937 y 1965.

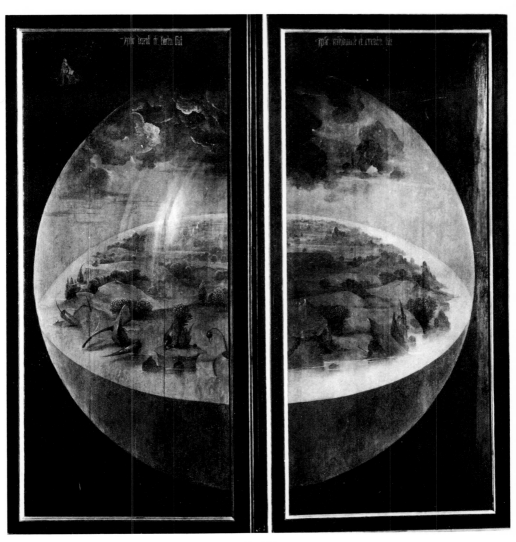

LA CREACION DEL MUNDO. Museo del Prado, Madrid.

biles, las mujeres temerosas; es una parodia del amor, una sátira de la preparación del acto amoroso (37).

Volviendo al hilo interpretativo del tríptico, nos fijamos ahora en el tercer acto: la Humanidad lasciva va a ser castigada. Es necesario para la mentalidad de la época que así lo sea, como fueron castigados los amores de Calisto y Melibea. El castigo se desarrolla en la tabla izquierda, una vez más se abre a nuestros ojos el Infierno. Frente a la paz y el orden del Paraíso, obra del Creador, se opone, en violento contraste, la confusión y el desorden de los reinos de Satanás (es la típica antítesis, orden-caos, propia del bien-mal de la mentalidad medieval). Básicamente este infierno coincide con el del *Carro del Heno* y el de *Los Siete Pecados Capitales:* Los diablos son seres híbridos, monstruosos; los condenados, según la concepción medieval de los muertos, desnudos; las torres incendiadas. La variación más importante está en el abigarramiento —lo mismo ocurre en la tabla central— y que los castigos se aplican sólo a lujuriosos.

Al igual que la fantasía del maestro de 's-Hertogenbosch desarrolla multitud de actitudes procaces para la interpretación del *Jardín,* lo mismo sucede en esta mansión diabólica; aquí existe un castigo concreto para los diferentes tipos de lujuriosos. Nos encontramos con las mismas dificultades que en la tabla central para describir individualmente cada uno de los motivos iconográficos. Sin embargo, los símbolos indiscutibles referencian claramente la lujuria: vaso, linterna, emblemas femeninos; cuchillos y patines, símbolos masculinos; en la oca gigante, una diabólica taberna con la enseña obscena de la gaita; la subida de la escalera simboliza el acto sexual. Lo que más llama la atención es el castigo sufrido con los instrumentos musicales; Gauffreteau-Sévy ha escrito: «el hombre empalado por las cuerdas del arpa es uno de los trozos de pintura más turbadores de todo el repertorio bosquiano.» La música en la obra del Bosco ha servido para introducir a la mujer que la escucha en la voluptuosidad del pecado carnal, y así podemos verla en la *lujuria* de *Los Pecados Capitales* o en la pareja de amantes del *Carro del Heno;* y aquí Jeroen van Aken, una vez más, no hace otra cosa que recoger principios místicos y morales en vigor en su Brabante natal, como nos confirman estas palabras de Dionisio, el Cartujano: «Pero cuando esa música artificiosa sirve para agradar al oído y

---

(37) M. Gauffreteau-Sévy, «Hieronymus Bosch, el Bosco», 3.ª edic. Madrid, 1973.

servir de placer a los presentes, principalmente a las mujeres, entonces debe rechazarse sin duda ninguna» (38). Los instrumentos musicales que sirvieron para el deleite carnal son utilizados ahora para torturar al pecador.

No quisiéramos terminar esta descripción sin hacer mención al enigmático rostro, bajo la gaita lasciva. Algunos historiadores lo consideran autorretrato del maestro, interpretando entonces el infierno como una visión de la que él es testigo mudo.

EL HOMBRE o EL HIJO PRODIGO, Museo Boymans-van-Beuningen, Rotterdam.

«No sé quién soy ni a dónde debo ir.»

«Berscheidenheit» de Freidank

La mayoría de los historiadores piensa que este cuadro representa al *hijo pródigo* (San Lucas 15-11 a 25) (39). Nunca sabremos si es un autorretrato de Bosch como afirma Hanema, pero lo que sí resulta evidente es que el protagonista simboliza a la humanidad pecadora, más concretamente a la lujuriosa, que abandona este modo de vida para elegir el camino del Salvador, indicado por el pájaro carpintero.

La casa es un prostíbulo, cisne y jarro son emblemas harto significativo de ello. En la puerta una pareja se pone de acuerdo sobre el trato carnal, el jarro que lleva la mujer así parece indicarlo; en la esquina, un hombre, tras el coito, orina; y en la ventana una mujer ve como se aleja nuestro hombre. El, más que un individuo concreto, es un prototipo de hombre arruinado material y moralmente.

El mensaje que el cuadro quiere transmitirnos coincide plenamente con el tema evangélico del *hijo pródigo,* de ahí la confusión en su identificación; sin embargo, iconográficamente hablando, sólo hay un elemento que coincida con este tema, la cerda que amamanta a sus peque-

---

(38) Dionisio Cartujano, «Opera Omnia», t. XXXVII, p. 197. (Citado por Johan Huizinga, «El otoño de la Edad Media», 7.ª edic. Madrid, 1967.

(39) Recientemente Nicolás Calas, comentando los cuadros *El Hijo Pródigo* y su alter-ego *El vagabundo* del *Tríptico del Heno,* quiere demostrar las contradicciones inconciliables entre las interpretaciones del sentido alegórico de la «Parábola del Hijo Pródigo», según San Agustín y San Jerónimo («Hieronymus Bosch, The Parable of the two Brothers», «Coloquio» 37, 1978, pp. 24-33).

ños; en lo demás si esta iconografía correspondiese al tema indicado sería totalmente novedosa. Lo importante de esta obra, desde nuestro punto de vista, es lo que de vivencial parece transmitir. Todos los críticos coinciden en datar esta obra en plena etapa de madurez; diríamos que no solamente la madurez es ya técnica sino que también es humana. No hay en el cuadro irónico sarcasmo, sino melancolía, la melancolía del que ya está de vuelta de todo y, como el vagabundo, sale al camino, diciendo adiós a los placeres de la vida, que, según dijo el poeta, «después de acordados dan dolor».

Nos atreveríamos a decir que, si no es un retrato físico, sí es una transposición plástica de su propio estado de ánimo. El desprecio hacia lo terrenal es evidente. Una interpretación pesimista de la obra relaciona el iconograma con los versos de Freidank (40), el hombre desorientado; sin embargo, la presencia del pájaro carpintero, símbolo del Salvador, parece indicar la elección del buen camino: lo que permite un mayor optimismo para la humanidad pecadora.

OPERA DISIECTA

Como colofón a este catálogo que tiene como protagonista al hombre, con sus pecados y virtudes, quisiéramos recoger unas obras que pueden incluirse en este apartado, pero que por su estado de conservación —fragmentario o con repintes modernos— o simplemente, sólo conocidos por citas literarias no nos permiten una mayor aproximación iconológica, al menos en este trabajo de síntesis.

LA MUERTE DEL JUSTO, LA MUERTE DEL REPROBO, Galería Wildenstein, Nueva York.

Estas dos tablas procedían de un tríptico cuya tabla central falta, posiblemente representaba el *Juicio Final.* La falta de ésta que, con toda seguridad, condicionaba la lectura iconológica de las alas, y la no absoluta confirmación de la autoría, nos ha hecho no incluirla.

---

(40) Con el nombre de «Freidank Bescheidenheit» se conoce una colección de sentencias rimadas de la primera mitad del siglo XII, que tratan de cuestiones políticas y religiosas (Vid. W. Grimm, «Freidanks Bescheindenheit», Gotinga, 1834).

(41) De Tolnay, en la edición de su libro del año 1965, incluye una posible copia del original en Gante, en la que hay demasiadas innovaciones sobre lo caracteristico bosquiano para tenerla en cuenta.

ALEGORIA DE LOS PLACERES, University Art Gallery, Yale.

Obra demasiado fragmentaria, 31 × 35 cm., en la que vemos recreados temas y tipos característicos en la producción bosquiana de carácter moralizador, más concretamente en los pecados capitales: *la lujuria* (pareja de amantes en el interior de una tienda de campaña); *la gula* representada por un gordinflón sobre una cuba flotante de la que mana el vino.

CABEZA DE MUJER, Museo Boymans-van-Beuningen, Rotterdam.

Su tamaño es tan pequeño, 13 × 5 cm., que resulta casi imposible toda disquisición. Desde luego no es un retrato aislado y sí, posiblemente, un fragmento de un donante en una composición más amplia (42).

EL TRIPTICO DEL DILUVIO, Museo Boymans-van-Beuningen, Rotterdam.

Pésima conservación, se discute su autoría, no se conoce la ordenación general del conjunto. En líneas generales la problemática iconológica gira en torno al pecado humano y su corrección: *El mundo malvado, el diablo en casa, el diablo en el campo, el mundo después del diluvio, el hombre que se pierde en el pecado, el alma del bienaventurado.*

VISIONES DEL MAS ALLA, Palazzo Ducale, Venecia.

Alas de dos trípticos, cuyas tablas centrales han desaparecido, se supone que serían el *Juicio Final* y la *Resurrección*. De dudosísima ordenación. Por lo conservado podemos apreciar claramente la antítesis bien-mal, premio-castigo: *La subida al Empireo, La caída de los condenados; El Paraíso terrenal, El Infierno.*

JUICIO FINAL, Alte Pinakothek, Munich.

Fragmento de una tabla central de un tríptico cuyas alas no se conservan. Lo iconografiado, la resurrección de la carne.

---

(42) Si exceptuamos la *Cabeza de Ballestero,* que sólo el Catálogo del Museo del Prado considera original, no conocemos retrato aislado de su mano, siendo esto extraño pues es una de las características de la pintura flamenca, tan proclive a representar individualmente a sus burgueses comitentes.

EL HIJO PRODIGO. Museo Boymans-van-Beuningen, Rotterdam.

TRIPTICO DEL JUICIO, Museo Groeninge, Brujas.

Obra restauradísima —excesivas invenciones— y autoría muy discutida.

OBRAS DESAPARECIDAS

Por citas literarias conocemos la existencia de más de setenta obras del maestro de 's-Hertogenbosch no conservadas en la actualidad. Recogemos aquí aquéllas que pudieran estar dentro del espíritu de este apartado del catálogo. Recogidas en tres grupos que puedan definirlas mejor, aunque claro está nos es imposible entrar en apreciaciones iconológicas; pero sí podrá servir para darnos una idea más amplia de la iconografía bosquiana (43).

Tipos humanos

El hombre que repara fuelles y linternas (44). *Ayudante del organista* (45). *Una bruja* (46). *Un mago* (47). *El niño-monstruo* (48). *Un soberano* (49). *Estudios fisonómicos para un personaje* (50). A continuación recogemos varios cuadros sobre la ceguera que hubieran sido de gran interés para poder compararlos con los tipos de Peter Brueghel (1525-1569); *Los ciegos* (51); *Tres ciegos* (52); *Ciegos a la caza del jabalí* (53).

---

(43) Las obras citadas a continuación han sido tomadas de la obra de Mia Cinotti, «El Bosco», Barcelona, 1968, pp. 116-117.
(44) Pintura sobre tabla, aparece citada en 1603 en el inventario de los bienes de Marco Núñez Pérez.
(45) Un personaje accionando el fuelle del órgano, mencionado entre las obras del Pardo.
(46) Es una tela adquirida por Felipe II, aparece citada en el inventario del Palacio Real de Madrid, de 1598.
(47) Pintura al temple, citada en el inventario del Palacio Real de Madrid de 1636.
(48) Un extraño niño nacido en Alemania, que a los tres días demostraba siete años... al que la madre envuelve en pañales, citado por Argote, «Discurso sobre el libro de la Montería», Madrid, 1583. Se encontraba en esta fecha en el pabellón de caza del Pardo.
(49) Pintura sobre tabla, figura entre los bienes de Herman de Neyt, en un inventario de 1642.
(50) Tela inventariada entre los bienes de Michiel van der Heyden, en el año 1552.
(51) Tela al temple mencionada en el inventario del Pardo, tras el incendio de 1608.
(52) Tela adquirida en 1570 por Felipe II a los herederos de Guevara. Representa a un ciego que guía a otro y, detrás, una ciega; por lo descrito nos hace recordar *La Parábola de los Ciegos* de Peter Bruegel.
(53) Tela citada en el inventario del Palacio Real en 1598, tras la muerte de Felipe II.

Escenas costumbristas

Banquete nupcial (54). *Pacto nupcial* (55). *Pastoral* (56). *Danza flamenca* (57). *Prueba de la herejía* (58). *Hombre sobre el hielo* (59). *Dos cuadros sobre la curación de la Demencia* (60). *Los esbirros:* conducen a un arrestado (61).

El pecado y su castigo

Los Siete Pecados Capitales (62). *El Juicio Final* (63). *Cuaresma y Carnaval* (64).

VITA CHRISTI

Hemos visto en la introducción a los cuadros de crítica social cómo la fe de las gentes del siglo XV se iba profanando. En su vinculación religiosa se valía de unos intermediarios, los clérigos, que cada vez más se mostraban menos puros y participaban más de sus mismos pecados. En el siglo XIV algunos espíritus excepcionales reaccionaban contra la corrupción de costumbres que existía entre los clérigos. Ruysbroeck (1293-1381) (65), escribía contra esta actitud de los monjes: «Se añade a esta locura que reina hoy en los claustros el uso de otra clase de

---

(54) Aparece entre las posesiones de Pedro Pablo Rubens, en un inventario realizado tras la muerte del pintor.
(55) Se trataría de un fresco, según el inventario del Pardo tras el incendio de 1608.
(56) Citado entre los bienes de Herman de Neyt, en el inventario de 1642.
(57) Tela adquirida por Felipe II a los herederos de Guevara en 1570. Si es el mismo que describe Ceán Bermúdez en 1800 se trataba de una borrachera con figuras ridículas.
(58) Se encontraba en la casa de Jan Dietring en 1604. Un monje echa a las llamas los libros heréticos junto con el propio y sólo éste se salva del fuego.
(59) La figura llevaba sobre la cabeza un cráneo de caballo. Se hallaba en el Pardo tras el incendio de 1608.
(60) Uno se encontraba en el palacio del duque Ernesto de Austria, según inventario de 1595. Se representaban en él, médicos y cirujanos dedicados a sacar una piedra de la cabeza de un enfermo. El otro cuadro era una tela al temple mencionada en el inventario de 1598 del Palacio Real.
(61) Tela inventariada en el Palacio Real en 1607.
(62) Aparece en un inventario de los bienes de Margaretha Boge, en 1574.
(63) Tabla al óleo, enviado a San Lorenzo del Escorial en 1593. Procedía de la venta de los bienes del prior don Fernando, hijo natural del duque de Alba; de la misma venta procede el *Tríptico de las Delicias.*
(64) Mencionado en los inventarios del Pardo tras el incendio de 1608. Posteriormente sería el tema de la batalla de Carnal y Cuaresma, tan típico de la literatura de la Baja Edad Media.
(65) Desde 1343 hasta su muerte vivió retirado en el bosque de Soignes, en la ermita de Groenendal, que se hizo famosa por los escritos que allí relató.

adorno: los cinturones de láminas de plata de los que cuelgan a ambos lados diversos colgantes que suenan al agitarse, de manera que la joven novicia, al andar, hace sonar todo eso como una cabra adornada de campanillas. En cuanto a los monjes, montan a caballo armados, llevan largas espadas como los caballeros; pero vis a vis del demonio, del mundo, y de sus pasiones y deseos malos e impuros, permanecen sin armas: y son a menudo vencidos» (66). Tras esta crítica, Ruysbroeck, no olvidemos que es un místico, fomenta una mayor unión con Jesucristo —«Noces Spirituelles»— para conseguir un reformismo de las costumbres relajadas.

Este fragmento de Ruysbroeck ha sido especialmente seleccionado por dos razones: primera, porque resume, en un texto de época, la crítica y la reacción contra el clero disoluto, proponiendo una mayor aproximación al Cristo-hombre; segunda, en este místico del siglo XIV se basa todo el espíritu reformista de la *devotio moderna* flamenca y del resto de teólogos y moralistas que confluyen en el *cristianismo puro* de Erasmo de Rotterdam. La decimoquinta centuria, en su segunda mitad, se caracteriza por una grandísima difusión de los tratados religiosos en los que impera ese reformismo de la iglesia, partiendo de sus propios militantes. A esta difusión de los textos contribuyó sobremanera la imprenta: entre 1455 y 1520 el 75 por 100 de los libros impresos eran religiosos. Decíamos en el capítulo anterior que esta reforma se definía como una vuelta a las fuentes del cristianismo católico, como lo demuestran la amplia difusión de la «Biblia» y su traducción a los idiomas nacionales europeos: entre 1475 y 1517 se realizan dieciséis ediciones de la «Vulgata»; entre 1466-1520 se hacen veintidós traducciones al alemán.

El Dios de la Alta Edad Media estaba separado de la Humanidad, sólo la casta clerical podía participar de su proximidad. Cuando el hombre del XV ha perdido su fe en los clérigos intermediarios, se le ofrece para poder mantener su devoción a Dios y para que esté aún más próximo, la imagen que se les da es la del Cristo-hombre, porque Jesucristo ha vivido y sufrido como ellos, pero no en las pasiones y en los pecados, sino que El sirve de modelo de perfección y sobre todo, por El se pueden redimir. Ya no bastan los evangelios; se tiene que conocer mejor la

---

(66) «Oeuvres de Ruysbroeck l'admirable», Bruxelles, Vromant, 3 vols, 1917-20, «Sept. clôtures», t. I, pp. 213-214.

vida de Cristo. Las series de «apócrifos» aumentan y los ya existentes se amplían con nuevas leyendas que aproximen aún más a Cristo a los hombres. Se populariza una obra como «Vita Christi» de Ludolfo de Sajonia de la que se hacen decenas de ediciones en casi todos los idiomas europeos de la época. Para el ejemplo que los hombres pueden obtener de Jesucristo se escriben multitud de tratados a modo de ejercicios espirituales, entre los que sobresale «Imitación de Cristo» de Tomás de Kempis, cuya primera edición se realiza en 1472, en Ausburgo; el éxito fue inmediato, las ediciones en los distintos idiomas continuas.

La devoción popular es dirigida especialmente hacia la eucaristía, se pretende que ésta sea la epifanía continuada a los hombres. ¿Pero qué imagen adoptará el Cristo que se muestra en la eucaristía? La elección parece no tener duda: la del niño en el regazo materno en la epifanía a los magos (es la epifanía por antonomasia); y sobre todo, las imágenes del Cristo doliente —el *Varón de dolores*— que con su sacrificio redimirá a la Humanidad y construirá la esencia eucarística (67). Las llamadas *misas de San Gregorio,* tantas veces reproducidas por el arte del final de la Baja Edad Media, pueden ser la imagen que nos ilustre esta devoción. Cristo se manifiesta al papa Gregorio mientras que éste oficia la santa misa; la forma iconográfica que adopta es, generalmente, la de Varón de dolores y, en alguna ocasión, la de Niño en el regazo de la Virgen María.

En el análisis iconográfico, que realizamos a continuación, de los cuadros de Bosch cuyo protagonista es Cristo, veremos cómo en el maestro sólo existe la preocupación de ilustrar con imágenes el espíritu devocional que caracteriza a la sociedad de su tiempo.

TEMAS COMO PREFIGURACION EXPRESA DE LA EUCARISTIA

Antes de seguir adelante en la exposición, quisiéramos explicar que los *tipos* del Antiguo Testamento eran prefiguraciones del Evangelio y de los principios básicos de la Iglesia, creados por la patrística antigua y medieval. De imagen literaria pasa a figura plástica, convirtiéndose, durante el gótico, en la base de todos los programas iconográficos (68).

---

(67) Como ha escrito J. A. Jungmann: «En el desarrollo litúrgico de la misa ya no se ve, como en los primeros siglos, la acción de la Iglesia, su acción de gracias y sus ofrendas, sino principal y casi exclusivamente la obra redentora de Dios», «El sacrificio de la Misa. Tratado histórico litúrgico», 4.ª edic. Madrid, 1963, pp. 144-145.

(68) No es que no existiesen en el arte antes, pues se pueden constatar desde las primeras manifestaciones artísticas de los cristianos, sino que durante el gótico su uso fue amplísimo, corriendo paralelo lo plástico y lo literario-escolástico.

MISA DE SAN GREGORIO *(frag.)*. Museo del Prado, Madrid.

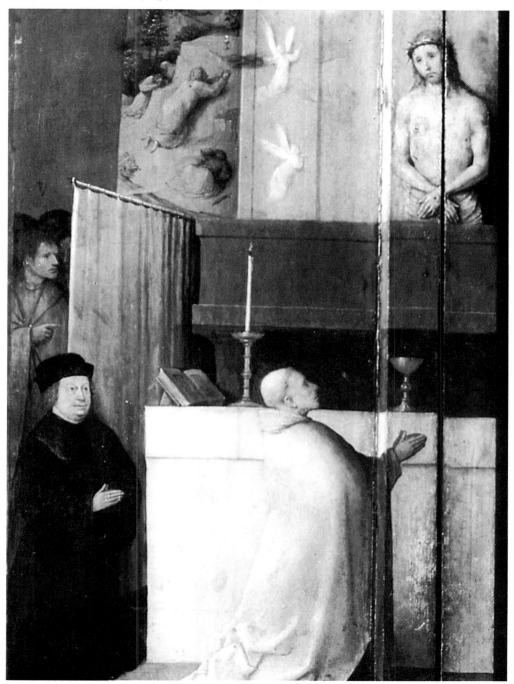

Estos tipos se introducen en la pintura y, en ella, desarrollan unas formas originales que resultan muy sugestivas: tipos del pasado o lo prefigurado del futuro son pintados en grisalla, imitando esculturas que generalmente, se adaptan a la arquitectura ambiental de la escena o a los postigos cerrados de los polípticos. La escena básica de la composición se ejecutaba en su policromía real.

EPIFANIAS

La *Epifanía a los Magos* desde tiempos muy antiguos ha sido considerada como un *tipo* de la pasión de Jesucristo y, por ende, de la eucaristía. Las imágenes románicas nos muestran al Niño con la cruz, mientras los magos le adoran. La pintura flamenca anterior y contemporánea de Bosch reproduce en grisalla en torno al acto de la *epifanía* diferentes escenas de la pasión. Roger van der Weyden (1400-1464) muestra aún su arcaísmo al colocar solamente un crucifijo sobre el portal donde se celebra la adoración de los magos (panel central del *Altar de los Tres Reyes).*

Las fuentes literarias que estaban en boga en la época de Jeroen van Aken sobre este tema eran: la mencionada «Vita Christi» de Ludolfo el Cartujano; la obra de Johan de Hildesheim, «Dach Buchder heiligen drei Könige», publicada en Estrasburgo en 1480; «La leyenda dorada» de Jacobo de Voragine, en 1478 se imprime una versión holandesa en Guda; existían multitud de dramas litúrgicos que representaban este tema (69); apócrifos como el «Liber de infantia Salvatoris»; y como es natural, el evangelio de San Mateo en su versículo dos.

EPIFANIA, Museum of Art, Filadelfia.

Técnicamente la obra es considerada de juventud, o por lo menos de su juventud tardía, y para ello se aducen las formas de los paños, las roturas lineales de los cuerpos, o el primitivismo de la composición de los colores —a base de cinabrio, rosa, gris y negro—. Estamos de acuerdo con esta datación, pero nosotros preferimos tener en cuenta la iconografía para llegar a la misma conclusión. Friedlander ve en la obra la influencia de Van der Weyden. Pensamos que por el ambiente, al exterior de la cabaña, por la forma y actitudes de los magos y, sobre

(69) E. Mâle, «Les Rois Mages et le drame liturgique», Gazette des Beaux-Arts, 1910.

todo, por la vestimenta de éstos, que con quién realmente se relaciona es con las decenas de *Epifanías a los Magos* que ilustran los *libros de horas, biblias moralizadas, salterios,* etc., de los siglos XIV y XV.

¿Qué hay de novedoso en la iconografía? Prácticamente nada, espacio y personajes corresponden a la tradición medieval, incluso la presencia de las personas es la justa; esto le da un cierto aire de arcaísmo iconográfico para la época (70). Sin embargo, hay dos pequeños detalles iconográficos, casi diríamos accidentes iconográficos, que refuerzan con imágenes el mensaje iconológico: los instrumentos de la ofrenda y la escena de la *caída del maná* en la manga del rey negro (71).

Los recipientes de los regalos de los magos son objetos litúrgicos; para De Tolnay prefiguran la misa. Si observamos bien veremos que son un cáliz, un relicario —posiblemente una *estauroteca*— y un ostensorio. La lectura de estos instrumentos simbólicos coincide con la que haremos en la Epifanía del Prado: los magos anuncian la divinidad; el sacrificio de la cruz, la estauroteca; y el ostensorio o custodia hace referencia a la presencia eterna de Cristo en la hostia, su epifanía a los hombres (72). Confirma esta idea el hecho de que el mismo mago lleva en su manga la escena del maná, clara alusión al pan eucarístico. San Juan había puesto estas palabras en boca de Jesucristo: «Yo soy el pan de vida; vuestros padres comieron el maná en el desierto y murieron. Este es el pan que baja del cielo, para el que come no muera.» (73).

La caída del maná en el desierto (Exodo XVI, 14), como ha señalado de Tolnay, es un anuncio de la *última cena,* y así parece probarlo al citar ejemplos en la «Biblia pauperum» (74) y en el «Speculum humanae Sal-

---

(70) El cortejo de los magos va ampliándose en proporciones que alcanzan lo tumultuario a partir del *Altar de los Tres Reyes Magos* (1440-1445) de Esteban Lochner (1405-1451).

(71) En esta época todavía no estaba definido el nombre de los Magos según su origen, y es normal ver cómo en los textos y en las imágenes varía.

(72) «La historia de la custodia u ostensorio, como suena la palabra latina *monstrancia,* empieza en la primera mitad del siglo XIV, es decir, cuando se introduce la costumbre de exponer sin cendales a la vista de los fieles la hostia consagrada», Mario Righetti, «Historia de la Liturgia», 2 vols. Madrid, 1955, vol. I, p. 520.

(73) Evangelio de San Juan, VI, 48-50.

(74) Las «Biblias de los pobres» en un principio fueron hechas en manuscritos, eran concordancias del Antiguo con el Nuevo Testamento. Su gran difusión se debe al uso de xilografías; las primeras al comienzo del siglo XV se escribieron en latín, después se hicieron versiones francesas y, entre 1470-1490, se editaron dos en alemán.

vationis» (75). Sin embargo, aquí no hay duda que se refiere no ya a su institución, sino a la presencia de Cristo en la Hostia, como pan eucarístico, tal como parece desprenderse de la lectura del evangelio de San Juan.

TRIPTICO DE LA EPIFANIA, Museo del Prado, Madrid.

Ya hemos hecho referencia a la calidad plástica de la obra, claro exponente de la etapa de madurez y, curiosamente, obra de complicada iconología.

Los postigos del tríptico cerrado configuran la escena de la llamada *Misa de San Gregorio* (76). Como veremos más adelante (ciclo cristológico de la Pasión) es una expresión magnificada de la eucaristía, tal como el mismo pontífice San Gregorio la define: «Por el misterio de esta Hostia, Jesús sufre de nuevo por nosotros, porque tantas veces como le ofrecemos la Hostia de su Pasión tantas otras renovamos su Pasión» (77). Esta *Epifanía de Cristo* que se señala en la eucaristía, mostrándonoslo como el Dios-hombre sufriendo durante la Pasión, exactamente igual está prefigurada simbólicamente en el interior, en la *Epifanía a los Magos.*

Las dos figuras de seglares arrodilladas han sido identificadas por De Tolnay: el de la izquierda sería el padre, ya muerto, del donante; la de la derecha sería la romana que dudaba de la presencia de Cristo en la eucaristía.

Abiertas las alas del triptico se manifiesta a nuestra vista la *Epifanía a los Magos;* aunque, en tres tablas, la composición muestra auténtica unidad por el paisaje del fondo. En la lectura del cuadro encontramos temas iconológicos a cuatro niveles: motivos veterotestamentarios que

---

(75) También se denomina «speculum salutis», su origen se remonta al siglo XIII y XIV, en él se trata de asuntos del Antiguo y Nuevo Testamento.

(76) Sobre su significación popular, ya hemos hablado en la introducción. En cuanto al origen iconográfico es confuso, en un principio tuvo por centro una imagen de *Cristo de Piedad,* llamado también en frase bíblica, *Varón de Dolores.* Esta imagen en realidad procedía de Oriente, de Jerusalén, y no se introdujo hasta principios de la Edad Media en Occidente, en donde a principios del siglo XV se difunde con gran rapidez.
Sobre el tema vid. Gertrud Schiller, «Iconography of Christian Art», vol. 2, Londres, 1972, pp. 199 y ss.

(77) Homilía 17 del libro II de las «Homilías sobre los evangelios». «Obras de San Gregorio Magno», Madrid, 1958, pp. 741 y ss.

anuncian la epifanía, desarrollo de la misma, elementos vétero y neotestamentarios que prefiguran la eucaristía, y personificación de los comitentes.

El motivo veterotestamentario que anuncia la epifanía está representado en la mantellina metálica de Baltasar, la reina de Seba ofreciendo sus regalos a Salomón; el texto bíblico dice así: «Llegó la reina de Saba... a Jerusalén con muy numeroso séquito y con camellos cargados de aromas, de oro en gran cantidad y de piedras preciosas...» (I Reyes, X, 2 y 10). La identificación de Salomón con Jesús es evidente; la acción de la ofrenda por una reina de Saba es mucho más sugestiva como *tipo* de los magos desde el momento en que la literatura comienza a especificar que los reyes procedían de Saba (78). La misma correlación «ofrenda-reina de Saba» «adoración de los magos» podemos observarla en la «Biblia pauperum» y, aún mucho antes, en 1181, en el ambón esmaltado de Klosterneuburg de Nicolás de Verdún.

Visto el tipo veterotestamentario que anuncia la escena que se está desarrollando, centrémonos en ésta. Nos recuerda en muchos detalles la dependencia de las ilustraciones miniadas del XIV y XV, entre los más significativos: El carácter narrativo del paisaje, en el que hay una estatua de Marte —símbolo, en la miniatura, de que Cristo había nacido en una tierra dominada por los romanos y bajo la advocación de los ídolos— (79); un mozo tirando del ronzal de un caballo sobre el que va un mono; campesinos por el campo; ejércitos vagando de un lado para otro —posiblemente son las tropas de Herodes buscando al Niño—; los aspectos fantásticos de Jerusalén o de Belén. La actitud de la Virgen, el Niño, los magos y la mayoría de los presentes es normal, incluso la imagen de San José. Podemos ver al anciano, a la derecha, secando los pañales; curiosamente en esta imagen Bosch no está con la avanzadilla intelectual de la iglesia que quiere revalorizar la figura de San José; sobre el particular el doctor Juan Eck recomendaba que en Nochebuena, o no se le represente —a San José— o al menos se le presente de un modo conveniente y no guisando papillas (80).

---

(78) Ludolfo el Cartujano escribía en la ya citada «Vita Christi»: «Ellos abrieron sus tesoros y ofrecieron al hijo de Dios oro, incienso y mirra; es decir cada uno de ellos le ofreció estas tres cosas siguiendo la costumbre de las gentes de Saba.»

(79) Este mismo ídolo, cuando la Sagrada Familia parte hacia Egipto, cae hecho pedazos, significa esto que el mundo del paganismo concluye con la llegada del Mesías.

(80) Citado por Johan Huizinga, «El otoño...», p. 264.

Fijémonos ahora en los dones y sus recipientes que son fundamentales para la comprensión del conjunto. Estos habían sido interpretados a lo largo de los siglos de formas muy variadas, desde un punto de vista intelectual hasta el más prosaico de los sentidos (81). Bosch utiliza una versión antigua, pues es la de San Gregorio citada en la nota anterior, que se poetizó en la literatura del siglo xv:

Dice el primer Mago: «Adorote, Dios y ombre, confiese tu eternidad, llamote fin y comienzo, y por mas certinidad sirvo a tu divinidad con esta caja de incienso.» Más adelante, refiriéndose al segundo rey, escribe el poeta: «Llantea este rey la advenidera muerte del infante la cual con un presente prefigura»; entonces la Virgen «quiere llorar la muerte de su Hijo», pero el tercer mago la consuela, «como es dulçe al paladar, tras la purga la manzana» así serán las palabras de éste, refiriéndose al niño, «ha de resucitar universal rey eterno» (82).

Los símbolos bosquianos vienen a confirmar esta interpretación poética. En la misma mantellina anterior, se representa el sacrificio de Manué (83), prefigurando la divinidad del Niño; los magos, como el padre de Sansón, contemplan a Dios. En el suelo otro don, y al igual que dice el poeta prefigura la muerte; es el sacrificio de Isaac (84) reflejando la pasión y muerte del Señor. El tercer mago es portador del pomo sobre el que emerge el águila, símbolo de resurrección, que transporta en su pico el alimento —alusión eucarística— que ha de vivificar a sus polluelos sobre la corona del primer mago, clara referencia a los hombres, súbditos de su reino.

Queda un problemático personaje por identificar y sobre el que se han dado múltiples versiones. Es un loco leproso —así lo indica la llaga

---

(81) La más extendida de las interpretaciones ya era recogida por San Gregorio en el Libro I, homilía 10: «... oro en verdad, corresponde al Rey, incienso se pone en el sacrificio de Dios; con mirra se embalsaman los cuerpos de los muertos. De manera que los Magos a aquel Niño a quien adoran, también con sus místicos dones le predican: en el oro, como Rey; en el incienso, como Dios, y en la mirra, como mortal», *Op. cit.,* p. 573. La interpretación propuesta por San Bernardo, retomada en el siglo xiv por Nicolás de Lyra es mucho más prosaica: oro para remediar la pobreza de la Virgen, incienso para desinfectar el establo, y la mirra, que era considerada como vermífugo, para la tripa del Niño. (Citado por L. Réau, «Iconographie de l'art chrétien», t. II, París, 1957, p. 242).

(82) Fray Iñigo de Mendoza, *op. cit.,* pp. 424-441.

(83) Manué, padre de Sansón, con su mujer sacrifican un cabrito y entonces se obra un prodigio. «Entendió entonces Manué que era el ángel de Yavé y dijo a su mujer: Vamos a morir porque hemos visto a Dios.» «Jueces», XIII, 21.

(84) Génesis, XXII. El grupo escultórico está sobre los sapos, manifestando así que por el sacrificio de la cruz se vence al pecado.

ADORACION DE LOS MAGOS *(frag.)*. Museo del Prado, Madrid.

de su pierna y la campanilla—. Ha sido identificado con el Anticristo por unos mientras que otros ven en él representado al pueblo judío, a Herodes.

LAS BODAS DE CANA

Las *Bodas de Caná* han sido consideradas siempre como una *epifanía,* es decir, una manifestación de la divinidad de Jesucristo. En este sentido se justifica que litúrgicamente su fiesta se celebre el mismo día que la *Epifanía a los Magos.*

El único de los evangelistas que narra el milagro es San Juan y, como es necesario para la interpretación iconológica, reproducimos aquí algunos párrafos: «Al tercer día hubo una boda en Caná de Galilea, y estaba allí la madre de Jesús. Fue invitado también Jesús con sus discípulos a la boda. No tenían vino porque el vino de la boda se había acabado. En esto dijo la madre de Jesús a éste: No tienen vino... Había allí seis tinajas de piedra para las purificaciones de los judíos, en cada una de las cuales cabían dos o tres metretas. Díjoles Jesús: llenad las tinajas de agua. Las llenaron hasta el borde y El les dijo: Sacad ahora y llevadlo al maestresala...» (85).

El tema había sido tratado por los artistas, desde el primer arte cristiano hasta muy entrada la Edad Media, sólo con los personajes justos: Jesús, María, novios, maestresala y tinajas. A partir de la miniatura del XIV el tema se va ampliando, introduciendo en la iconografía motivos propios del ambiente de la época, es decir se va hacia la escena de género. En el XVI el motivo es una mera excusa para desarrollar un gran festín, buen ejemplo de ello son las conocidas *Bodas de Caná* de Paolo Veronés. Como intentaremos explicar, la iconografía bosquiana del tema está a mitad de camino de la simplicidad medieval y la aparatosidad renacentista, pero siempre dentro de la más pura ortodoxia.

La interpretación iconológica del cuadro ha sido variadísima; entre las más interesantes destacamos: Fraenger da una significación astrológica en relación con los Hijos de la Luna, y piensa que el cuadro repre-

---

(85) Evangelio de San Juan, II, 1-10.

senta las bodas heréticas de Almaengien con una hebrea (86). Luego hay versiones diversas de los distintos elementos: Aspectos heréticos de la comida, de la lechuza; interpretaciones maléficas y heterodoxas del aparador del fondo, del personaje de la varita —hay quien ve en él a un traumaturgo—; la forma «ele» de la mesa se considera como una alusión al simbolismo de una logia masónica, etc. Pero entre todos los elementos problemáticos hay uno que llama la atención sobremanera, el niño que de espaldas al espectador ofrece la copa de vino a los novios.

Al analizar los iconogramas del cuadro vemos que los esenciales están: Cristo a un lado de la mesa —el no centrar la escena Jesús es normal y cada vez quedará más relegado—; los novios, parte esencial, en el centro, acompañados de la Virgen; el trasiego del agua a las seis tinajas; la presencia del maestresala. Todo lo demás está en función de aproximar la escena a la realidad del acto, de acuerdo con la forma como se desarrolla un banquete nupcial en la época. Cualquier miniatura que represente un banquete, no ya el de las *Bodas de Caná,* contiene idénticos motivos. Por ejemplo, el discutidísimo aparador del fondo con vasijas, redomas y diversos utensilios de difícil identificación es usual en cualquier escena de género de la miniatura y pintura coetáneas. Resulta muy instructivo comparar, por su similitud, el aparador del festín del rey Asuero representado en el «Miroir de l'humaine Salvation» y tantos otros ejemplos que desbordarían estas páginas (87). En cuanto al personaje que está con la varita junto al aparador, no es más que el maestresala que señala el Evangelio y que era normal en las fiestas del xv, representado en las miniaturas y cuadros en idéntica postura, próximo al aparador y con su varita correspondiente (88). Entre los servidores de los festines, en las reproducciones de época, aparecen siempre dos tipos de criados, unos vestidos más prosaicos, los que están en contacto con la cocina y las bodegas, y los que atienden a la mesa con ricas ropas y bandas, generalmente coperos, exactamente igual que el personaje que algunos historiadores consideran criptográfico. La comida que traen los criados es simbólica, pero no maléfica, sino que es

---

(86) Jacob de Almaengien fue un judío convertido al cristianismo en 1496, que alcanzó un puesto relevante en la sociedad de 's-Hertogenbosch. Fraenger le identifica como el gran maestro del Libre Espíritu (Secta herética, a la cual se refiere, según el mismo autor, el *Tríptico de las Delicias*).

(87) «Le miroir de l'humaine Salvation» es la versión francesa de «Speculum Humanae Salvationis»; corresponde al siglo xiv, Museo Condé, Ms. fr. 1363, fol. 43.

(88) Citar ejemplos resulta obvio, pero a modo de botón de muestra se pueden ver: fol. 54 v. de la obra de Delavigne, «Description of Anne of Brittany», en la colección, James A. de Rothschild.

puramente sensual, con las referencias eróticas que un banquete nupcial requiere; alusiones populares al sexo masculino y femenino (cabeza de cerdo y cisne); la fiesta es tan popular que sólo un gaitero la ameniza. Otra referencia sensual, ésta ya no popular, es el cupido asaetador. Tampoco es admisible el citado simbolismo de la mesa en ele, pues éste es un recurso plástico para mejor distribución de los personajes en la escena, tan usual en pinturas de este tipo que es innecesario citar ejemplos.

¿Cuál es entonces el mensaje iconológico? El tema ha sido utilizado para explicar tres conceptos eclesiales diferentes: el matrimonio de Cristo con la Iglesia, las seis edades del mundo y el símbolo eucarístico (89). Para que fuere una representación del primer tema se necesitaba que el novio se identificase con San Juan; para ello el artista colocaba en torno a la cabeza de San Juan un nimbo (90); aquí no se manifiesta. Para ilustrar las seis épocas de la historia o las seis edades de la vida es necesaria la presencia de otros tantos personajes relacionados con las tinajas, cosa que tampoco se precisa en nuestra obra. Sin embargo, llama la atención el enorme copón, cáliz sin duda, cuya tapa se encuentra sobre la mesa, que tiene en la mano el copero, y hacia el que se dirige la bendición de Jesús. Las bodas de Caná, decíamos al principio, eran consideradas figura de la epifanía porque en ellas se convirtió el agua en vino; en la eucaristía, tras la bendición, el vino se convierte en sangre de Jesucristo. En nuestro cuadro Jesús, como sacerdote, ejecuta la bendición para que realice el milagro de la transubstanciación.

CICLO CRISTOLOGICO DE LA PASION

El fervor popular, centrado en la figura de Cristo, quería verle en las escenas de sufrimiento; así se sentían aquellas gentes más confortadas en su propio dolor al ver al Dios-hombre sufriendo como un mortal.

Diríamos que la adoración de los magos y las bodas de Caná eran prefiguraciones eucarísticas suavizadas, pero las que más se grababan en aquellos ingenuos corazones eran las imágenes donde se podía ver la sangre, las heridas, los instrumentos de la pasión, los terribles esbirros que laceraban a Cristo. La mentalidad de la época respira un cierto

---

(89) Louis Réau, *Op. cit.,* t. II, pp. 364-365.
(90) Por desgracia este cuadro ha sufrido multitud de reformas: cortes en los ángulos superiores; los perritos fueron añadidos en el siglo XVIII; las cabezas excesivamente repintadas.

sadomasoquismo al recrear no sólo en imágenes plásticas la Pasión, sino al querer materializarla de la manera más realista posible: las reliquias pasionales alcanzan en el siglo XV una enorme difusión —túnica sagrada, la cuerda santa, la santa espina, el sudario, las gotas de sangre—. En esta misma línea vivencial, siguiendo los misterios de la pasión (91), el *viacrucis* alcanza auténticas dimensiones dramáticas.

Los artistas podían encontrar en estas escenificaciones dramáticas modelos para sus imágenes, pero también podrían acudir directamente a la literatura. Desde el siglo XIII fueron los franciscanos los especialistas en los temas de la Pasión, tanto en sus escritos como en sus sermones. Ya en el siglo XIII, un anónimo franciscano escribe una obrita, «Meditaciones sobre la vida de Jesucristo», que iba a tener gran trascendencia en la literatura posterior. Será San Buenaventura, también franciscano, con su «Philomena», el inspirador de los «Relojes de la Pasión», del siglo XIV, en los que se pormenorizan las acciones de la pasión de Cristo: A la hora de *prima,* ante Pilato, Cristo es conducido; a la hora de *tercia,* gritan, ¡a la Cruz!, a la hora de *sexta...* A este tipo de obras había que añadir las ya citadas de «Vita Christi» de Ludolfo el Cartujano, la «Leyenda dorada», así como el apócrifo «Actas de Pilato».

De la relativamente abundante obra pictórica de Bosch, sobre la Pasión, sólo en dos ocasiones se expresa concretamente la prefigura de la eucaristía, y estas producciones son secundarias pues están realizadas en grisalla, con la particularidad de que no es una escena concreta sino todo el ciclo de la Pasión. El resto de los cuadros, con toda seguridad, encierra el mismo mensaje iconológico pero al pertenecer a obras desmembradas, o simplemente aisladas por la necesidad del comitente, hacen que falte el contexto iconográfico; aunque es de suponer también que la intencionalidad era tan evidente para las gentes de la época que resultaba obvio.

CICLO DE LA PASION, EN EL *SAN JUAN DE PATMOS,* Staatliche Museen, Berlin-Dahlem.

Tras la imagen de San Juan de Patmos, se narra con fantasmagóricas figuras las escenas de la Pasión según San Juan. No hay duda sobre esta fuente, pues en el centro hay una clara alusión a la resurrección y a

---

(91) En Alemania el misterio de la Pasión de Insbruck ya se celebraba en 1391; en Flandes, se pueden rastrear misterios pasionales desde 1398; es celebérrima la «Pasión de Arras» en 1415. En París se celebraba en el siglo XV un misterio pasional de Arnauld Greban (1471) (Vid. G. Cohen, «Le Théâtre en France au Moyen Age», París, 1948).

la pervivencia de Jesús en la eucaristía con la escena del pelícano que alimenta a sus polluelos con su sangre (92).

En una orla circular se desarrollan las escenas principales de izquierda a derecha: La Oración en el huerto; el Beso de Judas, el Prendimiento y Pedro cortando la oreja a Malco, en una sola escena; Cristo ante Pilato; la Flagelación en la casa de Pilato; la Coronación de espinas en el pretorio; Camino del Calvario; Cristo en la Cruz entre los dos ladrones, y la Virgen María con San Juan —un dato más que confirma la ilustración del Evangelio de San Juan (93)—; el cuerpo de Jesucristo es depositado en la tumba.

La disposición del conjunto parece la ilustración gráfica de esos famosos «Relojes de la Pasión» que citamos anteriormente.

CICLO DE LA PASION, EN EL *TRIPTICO DE LA EPIFANIA,* Museo del Prado, Madrid.

Aunque el contenido del ciclo es más o menos el mismo que el anterior, y la significación idéntica, difieren en la intencionalidad: en aquél se anuncia la presencia continuada de Cristo, en la eucaristía se renueva la Pasión, pues ahora está ilustrando la *Misa de San Gregorio.* Esta imagen, como hemos indicado más arriba, tuvo mucho éxito en el siglo XV porque confirmaba en figuras la Epifanía de Cristo en la Hostia.

Los motivos pasionales expuestos, de abajo arriba y alternados de derecha a izquierda, son los siguientes: Oración en el huerto, Prendimiento, Cristo ante Pilato, la Flagelación, la Coronación de Espinas, la Subida al Calvario —con la Verónica—, y en la cúspide la Crucifixión con San Juan y la Virgen. Ahora ya no es en concreto el Evangelio de San Juan sino que es una síntesis de los cuatro, como puede demostrar la presencia de la Verónica o la Virgen y San Juan. Incluso hay escenas de un gran pintoresquismo que denuncia la inspiración en apócrifos pasionales: el diablo que se lleva la cruz del Mal ladrón o el padre que lleva a su hijo a contemplar a Judas ahorcado. La imagen del pelícano ha sido sustituida por Cristo emergiendo del sepulcro.

_____

(92) Aquí, como anteriormente en la *Epifanía del Prado,* se yuxtapone la imagen del pelicano alimentando a sus polluelos con la del águila de la resurrección que, a su vez, es el emblema de San Juan. La identificación del pelícano como símbolo de la Redención y de la eucaristía aparece ya en San Alberto, Santo Tomás, San Bernardo...

(93) El evangelio de San Juan es el único que hace referencia a la presencia del Santo junto a María al pie de la Cruz (Juan, 19,26).

SAN JUAN EN PATMOS. Staatliche Museen, Berlin-Dahlem.

OTRAS ESCENAS DE LA PASION

Prendimiento de Cristo

Acabamos de ver en los ciclos anteriores cómo en este tema se yuxtaponen tres momentos diferentes de esta acción: Beso de Judas, Prendimiento y episodio de Malco. Como escena individual sólo se repite en una grisalla del Tríptico de las *Tentaciones* de Lisboa.

Ahora la escena representada ocurre un poco después de la traición de Judas; éste, cumplida su misión, se aleja por un lado. En primer plano, «Simón Pedro, que tenía una espada, la sacó e hirió a un siervo del pontífice, cortándole la oreja derecha» (94), «Al otro lado del torrente Cedrón» (95), «La cohorte, pues, y el tribuno y los alguaciles de los judíos se apoderaron de Jesús y le ataron» (96). Excepto en la figura de Judas el realismo bosquiano es absoluto, ha calcado en imágenes las palabras del Evangelio de San Juan, en detalles como la presencia del torrente, algo que no es muy usual. Al fondo, sobre un promontorio el cáliz del dolor en la Oración del Huerto.

Coronación de espinas

El tema es tratado por tres evangelistas: Mateo, 27, 27-30; Marcos, 15, 17-20 y Juan, 19-2. Sólo se introduce en la iconografía tardíamente, en la Baja Edad Media, cuando interesa la imagen dolorosa de Cristo. La intención de mofa e irrisión de los esbirros es manifiesta; los iconógrafos piensan que ésta ha sido obtenida al copiar los artistas las *fiestas de los locos* en los carnavales, pues la intención evangélica no es la mofa, sino como interpretan los teólogos medievales, la tortura. Bosch introduce algunos elementos con una simbología no usual que señalaremos en los dos cuadros que sobre este tema conservamos.

CORONACION DE ESPINAS, Monasterio, El Escorial.

La escena circular, se hace alusión al círculo como globo terrestre, se sobrepone a una grisalla en la que se representa la Lucha y la Caída de los ángeles rebeldes. ¿Se podría entender como una venganza de los ángeles rebeldes contra el Hijo de Dios? ¿Los esbirros que lace-

---

(94) Juan, 18,10.
(95) Juan, 18,1.
(96) Juan, 18,2.

CORONACION DE ESPINAS. Monasterio de El Escorial.

ran a Cristo con la mano vengadora de Satán? Hay un personaje, a la derecha del cuadro, portador de un bastón con un pomo de cristal en el que se representa a Moisés recibiendo la ley (97). Posiblemente se trata de la personificación de *ley antigua*, la ley judía, que es la que condena a Cristo.Uno de los soldados lleva un alfiler con el águila bicéfala de los austriacos, de interpretación hoy por hoy imposible.

CORONACION DE ESPINAS, National Gallery, Londres.

Plásticamente es una de las obras más maduras del maestro de 's-Hertogenbosch, sin embargo la interpretación iconológica permanece más enigmática que ninguna. ¿Qué significan el turbante atravesado por una flecha, la media luna, o el collar erizado de clavos?

Ecce homo

Sobre este momento escribe San Juan: «Otra vez salió fuera Pilato y les dijo: Ahí tenéis al hombre. Cuando le vieron los príncipes de los sacerdotes y sus satélites, gritaron diciendo: ¡Crucifícale, crucifícale!» (98). El tema iconográfico que va a generar esta escena era totalmente desconocido antes del siglo XV y al igual que el anterior, los artistas posiblemente lo tomaron de escenas del carnaval o de los misterios sobre la Pasión (99).

ECCE HOMO, Städelsches Kunstinstitut, Frankfurt.

El carácter arcaizante de esta obra se manifiesta no sólo en los valores plásticos, sino en los letreros explicativos que acompañan a la iconografía: «¡Crucifícale!», grita el pueblo; «He aquí al hombre» dice Pilato; «Sálvanos Cristo». La imagen de Cristo, desnudo, cubierto de sangre, no difiere en absoluto de la misma iconografía en los pintores coetáneos. Lo mismo podemos decir de los tipos siniestros del gentío.

ECCE HOMO, Museum of Art, Filadelfia.

Es una obra compositivamente más evolucionada y en la que se hace alusión a distintos actos de la estancia de Cristo en casa de Pilato: la flagelación, apenas terminada —se pueden ver la columna y los verdu-

---

(97) De Tolnay lo ha identificado con Pilato.
(98) Juan, 19,4.
(99) Louis Réau, *Op. cit.,* t. 2, p. 460.

gos con los látigos—; a la izquierda, la lectura de la condena por los jueces; Jesús presentado al pueblo.

Existe en el Art Museum de Princeton una obra, habitualmente atribuida, denominada *Cristo ante Pilato.* En ella nada hay de simbólico, pero el estudio fisonómico muy acentuado, la reducción de los rostros a máscaras bestiales, no dudamos que hayan dejado en el corazón de los espectadores la terrible impresión que se pretendía.

Camino del Calvario

Las fuentes de inspiración son los evangelios (100), aunque hay una serie de escenas y personajes que se incluyen en la iconografía bosquiana procedentes de «apócrifos» y representaciones dramáticas medievales. No aparece un único motivo iconográfico, sino que se yuxtaponen distintas escenas en un solo cuadro.

SUBIDA AL CALVARIO, Künsthistorisches Museum, Viena.

La escena compuesta en dos bandas. En la inferior, a manera de primer plano de una boca de escenario, el Mal ladrón desafiante y pendenciero, el Buen ladrón, angustiado, se confiesa con un fraile. En la parte superior, en un abigarrado y tumultuario grupo, marcha Jesús hundido por el peso de la Cruz; mientras el Cirineo, en vez de ayudar, apoya su mano sobre la cruz. La escena de dolor y sufrimiento contrasta con el reverso, donde en grisalla sobre fondo rojo, se toma un motivo apócrifo para representar al Niño Jesús, portando un molinillo de viento y ayudándose de un andador —clara prefigura del *Camino del Calvario.*

LA VERONICA, EN LAS *TENTACIONES DE SAN ANTONIO,* Museu Nacional de Arte Antiga, Lisboa.

Obra en grisalla, haciendo *pendant* con la ya citada del prendimiento. La iconografía es muy similar a la anterior. Elemento novedoso: el Mal ladrón lleva vendados los ojos, símbolo de su ceguera moral, pues acaba de rehusar la confesión. El grupo constituido por Cristo y el séquito se ha detenido, momento que aprovecha la Verónica para mostrar el velo con el rostro del Redentor. Un grueso personaje acude a ver la escena

(100) Mateo, 27,31; Marcos, 15,21; Lucas, 23,26; Juan, 29,26. Existe entre los Synópticos y el de Juan una diferencia primordial: los primeros citan a Simón de Cirene como ayudante de Jesús para llevar la cruz, mientras que Juan lo ignora.

acompañado de sus hijos —es el mal ejemplo a los niños tantas veces criticado por los humanistas— (101).

CAMINO DEL CALVARIO, Palacio Real, Madrid.

La escena es aquí más serena, se centra más en el protagonista: Jesús con la cruz a cuestas, ayudado, ahora sí, por el Cirineo. El grupo de gentes del séquito queda separado del paisaje del fondo por la línea diagonal de una rama de la cruz. En ese paisaje unas figuras borrosas, María y Juan; tras ellos las siluetas de Jerusalén.

CRISTO CON LA CRUZ, Musée des Beaux-Arts, Gante.

Es la última obra autógrafa del Bosco. Sobre un fondo negro, sólo cabezas en torno al eje diagonal de la cruz. En el centro geométrico de la composición, Cristo que ha entornado los ojos en actitud dulce y serena. En un lado la Verónica con los ojos cerrados muestra el lienzo con el rostro de Cristo. El Buen ladrón, angustiado, cadavérico, escucha a un terrible dominico que le recrimina. El resto, horribles caricaturas humanas que gritan y gesticulan; abajo el Mal ladrón, con diabólica mueca, se enfrenta a los que le insultan. El pintar estos horrorosos rostros para significar el mal que engendran es un recurso primitivo pero muy fácil de asimilar por la mentalidad popular.

LA CRUCIFIXION, Musées Royaux, Bruselas.

Obra tradicional, en la que el pintor no aporta novedad alguna con respecto a la pintura flamenca coetánea. Cristo en la cruz entre el grupo de la Virgen y San Juan y el de un donante y San Pedro, al fondo un paisaje urbano —'s-Hertogenbosh—.

Referencias literarias sobre cuadros de la Pasión no conservados

Dos crucifixiones (102), una coronación de espinas (103) y dos caminos del Calvario (104).

---

(101) Brandt en la «Nave de los locos» le dedica un capítulo.
(102) Una citada en un inventario del palacio del gran duque Ernesto de Austria (1595); la otra era una tela mencionada por el inventario de 1598 del Palacio Real de Madrid.
(103) En la iglesia portuguesa de Santa María de Várzea.
(104) Una en Gante en la iglesia de Sainte Pharailde; otra en la catedral de Bonn.

LOS SANTOS

Así describe Huizinga el valor que tenían las imágenes de los santos en la Baja Edad Media: «... los santos eran figuras tan esenciales, tan presentes y tan familiares en la vida religiosa cotidiana, que con ellos se enlazaban todos los impulsos religiosos más superficiales y sensibles. Mientras las emociones más íntimas fluían hacia Cristo y María, cristalizaba en la veneración de los santos todo un tesoro de vida religiosa, cotidiana, ingenua y franca.» Cristo nos había dado el ejemplo, pero aquellas gentes sencillas se sentían muy lejos de lograr lo que el Hijo de Dios había hecho, para ellos era más fácil, más asequible, poder realizar, lo que un hombre como ellos —nacido de mortales, vestido como ellos mismos— podía hacer. Se conocían sus vidas, martirios y atributos, y a ellos se acudía para resolver cualquiera de los problemas de la vida diaria, porque entre otras cosas sufrían los mismos males que ellos curaban.

En los santos del siglo XV, o mejor los que aquella centuria más veneraba, había que distinguir dos tipos bien diferenciados: Unos muy populares; generalmente la imaginación de las gentes había desfigurado su imagen inventándose hiperbólicas hazañas; el otro grupo, mucho menos popular, el mensaje de su vida era de más difícil comprensión, diríamos propio de élites intelectualizadas. Ejemplos prototípicos de éstos serían: San Cristóbal, el mítico portador de Cristo, cuya imagen servía para que las gentes, cada vez que la veían, tuviesen una garantía suficiente contra un fin fatal; por el contrario, San Jerónimo, doctor de la Iglesia, exégeta bíblico; su figura estaba más próxima a teólogos y doctores eclesiales que al pueblo llano. Jeroen van Aken acusa en la iconografía de sus obras estas dos tendencias, como es natural está al servicio de sus clientes y más que esto, de la finalidad de la pintura. Comparemos alguna de las diablerías de San Antonio o las imágenes de algún San Cristóbal con un San Jerónimo o un San Egidio; veremos que los elementos e interpretaciones populares en unos proliferan, en los otros apenas se manifiestan.

Entre los textos literarios que pudo utilizar Bosch para ilustrar sus cuadros destacamos: «La leyenda dorada» de Jacobo de Voragine, cuya edición holandesa se publica en Guda, en el año 1478; de las «Vitae Patrum», en Zwolle, en el año 1490, se edita una traducción holandesa; un año antes de la muerte del maestro, Erasmo publicaba una biografía sobre San Jerónimo.

CAMINO DEL CALVARIO. Museo de Arte Antiga, Lisboa.

SAN ANTON

De las obras conservadas —autógrafas o de atribución indiscutida— o de referencia literaria, treinta y cuatro tratan el tema de los santos, y de éstos en veintidós ocasiones el protagonista es San Antón —sin contar las obras de taller—. Como ha dicho André Chastel, «gustó —Bosch— tanto de representarlo que se le ha podido llamar justamente el pintor de San Antonio» (105). ¿Quién era este santo? ¿Qué significaba para aquella época que reproducía su imagen por doquier?

Había sido abad y gran guía espiritual de los monasterios de Egipto. Desde muy joven eligió la soledad para vivir en meditación; en su retiro del desierto había sufrido las alucinaciones más horrendas. Estas nos son explicadas en un capítulo de su vida, escrita por San Atanasio de Alejandría: «Padeciendo sobre su persona muchos y crueles sufrimientos, los diablos le acosaron con fantasmagóricas formas de fieras, como lobos, leones, dragones, serpientes y escorpiones.» Según la tradición, muere más que centenario en 356. La importancia del santo en Occidente irá en aumento a partir de 1050, año en que son trasladados sus restos desde Constantinopla a una abadía del Delfinado, que tomó el nombre de Saint-Antoine-en-Viennois. Este será el origen de los *Antonianos,* orden monástica hospitalaria especializada en enfermos contagiosos, en particular apestados. En el año 1382, Alberto de Baviera, conde de Hainaut, Holanda y Zelanda fundó una orden de caballería, bajo su advocación, que, a partir de 1420, quedó reducida a una simple orden piadosa.

Durante los siglos XV y XVI el culto a San Antonio alcanza su máximo apogeo; por casi toda Europa, a excepción de Italia, se levantan hospitales y casas antonianas; el santo es el patrono de distintos gremios —cesteros, enterradores, porqueros, carniceros, alfareros, arcabuceros...—; la peregrinación a su tumba llega a rivalizar con las de Santiago de Compostela y San Nicolás de Bari. Pero su éxito principal reside en sus valores curanderos: lepra, peste y sífilis eran las enfermedades que, según la mentalidad popular de la época, mejor curaba nuestro santo. El efecto de estas enfermedades eran como el fuego que abrasaba la piel, por eso el santo se le efigiaba sobre llamas, las que él aplacaba en los enfermos.

---

(105) A. Chastel, «La tentation de St. Antoine ou le songe du mélancolique», Gazette des Beaux-Arts, 1936, p. 224.

Los motivos iconográficos que definen a nuestro santo son: monje barbudo con hábito de antoniano, en muchas ocasiones con una campanilla, atributo de todos los eremitas, pues con ella se defendían de las alucinaciones demoniacas; otras veces, va acompañado por un cerdo, pero no como símbolo del mal, sino como su perro faldero; suele llevar también un gran rosario y el libro con la regla de los antonianos.

Las escenas de su vida escogidas por Bosch para ilustrar sus cuadros se centran en tres motivos: las tentaciones demoniacas bajo el aspecto de formas horribles de fieras, la tentación de la lujuria, y las visiones del santo. Todos estos motivos fueron ampliamente divulgados por la literatura en boga en el siglo xv. Ya en el siglo iv San Atanasio escribía una historia sobre el eremita Antonio (106) que sería la base de las historias posteriores. Esta biografía es recogida en un capítulo de la «Leyenda Dorada» que, como ya hemos dicho, se edita en holandés en 1478, en Guda. El mismo texto se recoge en la traducción holandesa de «Vitae Patrum», editada en Zwolle en el año 1490. Numerosas leyendas sobre San Antonio se popularizaron en el siglo xv gracias a la traducción francesa de una obra latina, realizada por Pierre de Lannoy.

TENTACIONES DE SAN ANTONIO, Museo del Prado, Madrid.

Es una de las más sencillas y apacibles representaciones del santo. Este, sentado a la orilla de un arroyuelo, parece meditar. Los seres monstruosos que había citado San Atanasio pululan por su alrededor. El cantero que vierte su agua puede hacer referencia a la sed mística. En general todo el conjunto está iconográficamente muy relacionado con la primera lámina del volumen «Exercitium super Pater Noster» (edición de 1445-50), en la que se representa un cofrade en meditación al aire libre, con cabaña y capilla semejante a la pintura bosquiana.

TENTACIONES DE SAN ANTONIO, Colección Chrysler, Nueva York.

Obra mutilada arriba y abajo. El carácter ecléctico de algunas de las diablerías ha hecho dudar de su autoría a ciertos críticos. El santo, sentado y leyendo el libro de la «Regla antoniana», ocupa casi todo el cuadro. En el ángulo superior izquierdo, aparece la tentación carnal, una mujer desnuda (vid. el tríptico de las Tentaciones... de Lisboa. Alusión

---

(106) Puede leerse su traducción inglesa en R. T. Meyer, «The Life of St. Anthony, by St. Athanasius», Londres, 1950.

lujuriosa: la valva de molusco cerrada sobre una figura y llevada por otra).

TENTACIONES DE SAN ANTONIO, EN EL *RETABLO DE LOS EREMITAS,* Palazzo Ducale, Venecia.

En el ala derecha del *Tríptico de los Eremitas* se representa el mismo motivo anterior, la tentación lujuriosa. En un paisaje nocturno, en el que brilla, al fondo, una aldea incendiada, San Antonio se acerca a un estanque para recoger con una jarra el agua impura. A su alrededor los seres diabólica lo acosan. El tema principal de las tentaciones es una mujer desnuda en el agua, junto a un árbol con un paño. Este personaje ha sido identificado con una de las visiones descritas por San Atanasio: San Antonio encuentra junto al estanque al Diablo transformado en una reina que se baña.

TRIPTICO DE LAS VISIONES Y TENTACIONES DE SAN ANTONIO, Museu de Arte Antiga, Lisboa.

Sobre los postigos cerrados, en grisalla, ya hemos hablado en el apartado referido a la iconografía del «Camino del Calvario».

El tríptico abierto muestra ante nuestros ojos el desarrollo mayor iconográfico, que sobre San Antonio, ha pintado Jeroen van Aken. En su conjunto ha sido interpretado en forma diversa: desde la visión medievalista del mundo dominado por Satanás y las luchas espirituales del alma hasta la sugestiva hipótesis de Delevoy, ya citada, según la cual pintaría todos estos motivos por efecto de un alucinógeno. Desde nuestro punto de vista Bosch no hace más que ilustrar con imágenes más o menos fantásticas los textos tradicionales que sobre el santo se divulgaban en la decimoquinta centuria.

En el postigo derecho se nos presenta a San Antonio abatido a palos por los diablos; después el santo es conducido por un servidor y dos frailes. Un gigante tapa con su cuerpo a unas personas para evitar que éstas puedan ascender a los cielos. El personaje que lee una carta bajo el puente está relacionado con la tabla central y a él haremos alusión cuando la describamos. Todos los motivos se encuentran recogidos en la «Leyenda Dorada»: el santo, en su ascenso al cielo, es golpeado por los diablos; el santo a causa de un ataque diabólico está como muerto; cuando llega un servidor a traerle la comida, entonces éste le transporta al monasterio; una vez, el santo se despertó y oyó en la noche gritos y

TENTACIONES DE SAN ANTONIO. Museo del Prado, Madrid.

cantos, y viendo a un gigante que retenía a unos hombres en tierra, San Antonio comprendió que era el diablo.

La tabla central, debido a las múltiples interpretaciones que se han dado, parece aún más confusa que su propia realidad iconográfica. Sin embargo no hay duda que esencialmente ilustra este pasaje de la «Leyenda dorada»: «Un día Antonio trabajaba con sus hermanos, levantó los ojos al cielo y tuvo una triste visión; se arrodilló y rezó a Dios para evitar el crimen que se iba a cometer. Interrogado sobre esto por sus hermanos, él les respondió entre lágrimas y sollozos que un crimen inicuo se iba a cometer en el mundo. He visto, dijo, el altar del Señor rodeado por una multitud de caballos que destrozaban todo con sus coces: la fe católica será arrasada por un torbellino horrendo y los hombres, semejantes a los caballos, profanarán las cosas santas. Después se escuchó una voz: Tendrán mi altar en abominación. Dos años después, los arrianos irrumpieron en la Iglesia, escindieron la unidad, mancillaron los baptisterios y las iglesias, e inmolaron, como a corderos, a los cristianos sobre los altares. Un personaje egipcio, de la secta de Arrio, llamado Balaquio, asolaba la Iglesia de Dios, azotaba a las vírgenes y los monjes desnudos en público. Antonio le escribió en estos términos: Veo venir sobre ti la cólera de Dios: cesa al instante de perseguir cristianos por miedo a que la venganza de Dios te alcance; te amenaza una muerte próxima. El desgraciado leyó la carta, se mofó...» Preguntado Antonio por alguno de sus hermanos por alguna manera de soportar esta afrenta que les venía encima, les respondió: «... soportad con paciencia» (107).

El ejército de Balaquio cruza el puente; acaba de quemar una iglesia. Un gran baptisterio ha sido arrasado, los monjes celotas arrojados al agua, los herejes se divierten. Las ruinas de una iglesia, en la que está San Antonio, se profana con diversos actos: una representación bufa del banquete eucarístico, una monja extiende su mano para tomar el «santo grial»; un diablo oficia una misa más abajo; en el agua un personaje, en el interior de una extraña embarcación, se mofa de un escrito que acaba de leer —pensamos en este personaje, o el que está bajo el puente, en el postigo derecho, como Balaquio leyendo y mofándose de la carta de San Antonio—. Esto es, en líneas generales, la interpretación que al párrafo anterior ha dado el maestro de 's-Hertogenbosch. Incluso ha yuxtapuesto el sueño que el Santo relató a sus hermanos, el consejo

---

(107) Jacobo de Voragíne, *op. cit.*, t. I, pp. 133-134.

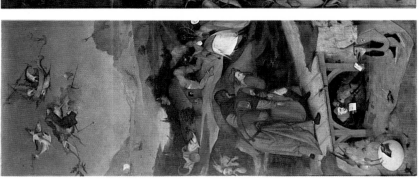

TENTACIONES DE SAN ANTONIO. Museo de Arte Antiga, Lisboa.

que éste les da; deben soportar, sufrir, poner la otra mejilla como Cristo nos enseñó; él soportó los ultrajes e incluso llegó al sacrificio de la cruz que ahora nos muestra. Es decir, existe una manifiesta correlación San Antonio-Jesucristo. El santo señala a Cristo para que sus hermanos aprendan a sufrir, y Este muestra su mensaje que es la cruz. Acostumbrado a los *tipos,* es decir, a las prefiguraciones veterotestamentarias, Bosch no duda en recurrir también aquí a ellas para explicarnos que la locura —herejía— de los arrianos tenía sus precedentes. En el cilindro a modo de torre podemos ver: Moisés recibiendo la Ley, mientras que su pueblo se ha lanzado a profanar a Dios, adorando al becerro de oro que ha construido Aaron (108); la corrupción idolátrica en Ball Fogor (109); abajo, los exploradores trayendo el racimo de Najal-Escol (110), que quizá aquí prefigure el auténtico sacrificio, el eucarístico, frente a los impíos e idolátricos anteriores.

En el postigo izquierdo volvemos a encontrarnos con el tema de la tentación lujuriosa. Ya Bax, en 1949, remitiéndose a la fuente de las «Vitae patrum», explica la escena como el encuentro del Santo con la reina que se baña en el río; al fondo, la maravillosa ciudad donde aquella conduce al santo. La mesa, en el ángulo inferior derecho, hace alusión a una tentación de gula. Completan el conjunto las figuras, aunque siempre emblemas del mal, de dos «grillos», peces, diablos —dos montan en un pez volador—.

Resumiendo, el tríptico es una ilustración de las tentaciones y de los sueños proféticos de San Antonio, con la enseñanza de que Cristo es modelo de sufrimiento. Como se ve representado en las grisallas exteriores. Como decía San Antonio a sus hermanos, Cristo nos ha enseñado a que cuando padecemos debemos ofrecer la otra mejilla y, como doblemente queda indicado en la tabla central, el ejemplo nos lo dio al morir en la cruz.

El Museo del Prado conserva un tríptico en el que se reproducen de una manera ecléctica muchos de los temas recogidos en la obra de Lisboa y en los otros cuadros citados. En el postigo derecho del *Tríptico de Santa Librada,* se representa a San Antonio meditando, sobre el fondo una ciudad en llamas, ocupada por los demonios.

---

(108) Exodo, 32.
(109) Números, 25.
(110) Números, 13.

TENTACIONES DE SAN ANTONIO. Museo del Prado, Madrid.

SAN CRISTOBAL

Es considerado como uno de los santos fabulosos, realmente se sabe poco sobre su historicidad. Se cree que murió asaetado en la persecución de Decio, a mediados del siglo III. A partir del siglo XIII, según la tradición popularizada por la «Leyenda dorada», el hombre que había transportado a Cristo (111) sobre sus espaldas tenía que ser un gigante, y así se le representa en las imágenes. Sobre su devoción popular en la Baja Edad Media ya hemos hablado al principio.

SAN CRISTOBAL, Museo Boymans-van-Beuningen, Rotterdam.

La iconografía es fiel a la tradición de los grabados y miniaturas. El tema se inspira en la versión popular divulgada por Jacobo de Voragine: San Cristóbal, abandonando el servicio del diablo y la caza del oso (simbolizados en el paisaje del fondo), pasa al Niño Jesús sobre su espalda, apoyado en un cayado que retoña; es un eremita el que le guía con una luz (abajo, a la derecha, en la orilla). La vivienda del eremita es un jarrón, ¿símbolo de lascivia?

Una colección privada de Madrid posee una obra titulada, *El Pequeño San Cristóbal,* en el que se reproduce igual tema iconográfico con alguna variante: Jesús aparece dentro de una esfera de cristal —el mundo—. Esta novedad está relacionada con la misma «Leyenda dorada», en la que se dice que el Niño pesaba como el plomo, simbolizando el peso del mundo.

SAN JERONIMO

Sacerdote y doctor de la iglesia (340-420). Consejero del papa San Dámaso, pasó varios años en Belén, llevando vida eremítica y dedicado al estudio de la Biblia, que revisó y tradujo por encargo del papa. El siglo XV le representa bajo dos iconografías bien distintas: como asceta, semidesnudo, meditando sobre el crucifijo; y como consejero papal, ostentando la púrpura cardenalicia. Bosch, en las obras conservadas, sólo adoptó el primer motivo.

SAN JERONIMO EN ORACION, Musée des Beaux-Arts, Gante.

El santo no está arrodillado, algo tradicional hasta entonces, sino echado, proyectado hacia adelante con el crucifijo entre los brazos y las

---

(111) San Cristóbal, en griego Cristoforos, significa el que lleva a Cristo.

SAN JUAN EN PATMOS. Museo Lázaro Galdiano, Madrid.

manos juntas en éxtasis. En el suelo sus atributos: la biblia y el sombrero cardenalicio. Otro atributo suyo es el león que, como manifestación del bien, adopta la actitud de un animal doméstico.

SAN JERONIMO, *RETABLO DE LOS EREMITAS,* Palazzo Ducale, Venecia.

En muy mal estado de conservación. El santo aparece arrodillado entre las ruinas de un edificio pagano, ante un trono, que sirve de altar, sobre el que está el crucifijo. No está orando sino que parece meditar en dos escenas que se manifiestan sobre el trono: Judit decapitando a Holofernes —símbolo de la victoria del alma, o según el «Speculum humanae Salvationis», prefiguración de la victoria de la Virgen sobre el Diablo— y un caballero que monta a un unicornio —símbolo de la fe y la castidad.

OTROS SANTOS

SANTA LIBRADA O SANTA JULIA, Palazzo Ducale, Venecia.

Constituye la tabla central de un tríptico, cuyos postigos representan a San Antonio y una escena de puerto inidentificada.

Santa Librada era la hija de un príncipe pagano que gobernaba Portugal. La joven, para escapar de un pretendiente que le había preparado su padre, pidió a Dios que le creciese barba. El padre enfadado la hace crucificar. Se la suele representar barbada o imberbe sobre una cruz, o simulando estar crucificada. Esta leyenda había surgido en los Países Bajos, y su culto parece que alcanzó cierta resonancia en 's-Hertogenbosch.

La santa aparece en la obra bosquiana sin barba. Según la leyenda, el joven desmayado a sus pies era Eusebio, protector de la santa; de acuerdo con este hecho se introduce el desánimo en los cinco mil convertidos por Santa Librada. Recientemente se quiere identificar con Santa Julia, vid. capítulo 2.

SAN JUAN BAUTISTA EN PATMOS, Staatliche Museen, Berlín-Dahlem.

Hemos hecho alusión a este cuadro al referir el ciclo pasional, siguiendo el evangelio de San Juan. El santo ha suspendido la escritura del «Apocalipsis» para observar la inspiración que le muestra un ángel: la Virgen sobre la luna y con el Niño sobre las rodillas —clara alusión apocalíptica...—. La iconografía resulta normal entre sus coetáneos

TENTACIONES DE SAN ANTONIO. Museo del Prado, Madrid.

—Durero, Schongauer, etc.—. En el ángulo inferior derecho, el águila, emblema del Evangelista; como contraposición, siguiendo el principio medieval, bien-mal, un «grillo» demoniaco.

SAN JUAN BAUTISTA, Museo Lázaro Galdiano, Madrid.

Nos representa al santo, meditando, no ya en el desierto como es tradicional, sino en un paisaje paradisiaco. Tampoco era tradicional el vestirle con un manto rojo, sino con una piel. Los dos motivos no son de creación bosquiana sino propios de la pintura flamenca de la época; su significación parece hacer alusión a Isaías en cuanto al paisaje, y al martirio del santo el manto. Con la mano derecha nos señala el Cordero, haciendo alusión evidente a su condición de precursor anunciante del Salvador. El carácter emblemático de plantas y animales posiblemente sea cierto, pero su interpretación resulta hoy más que problemática.

SAN EGIDIO, *TRIPTICO DE LOS EREMITAS,* Palazzo Ducale, Venecia.

Es el tercer eremita del tríptico, ya hemos hecho referencia a San Antonio y a San Jerónimo. San Egidio reza en una gruta, ante un rótulo; en él, siguiendo la tradición narrada por la «Leyenda dorada», un ángel puso los nombres de quienes se han de salvar por intercesión del santo. La flecha que se ha clavado en el pecho, es la destinada por los cazadores a la cierva que lo alimenta, echada en tierra.

Conocemos otras representaciones de santos por referencias literarias: las diablerías en torno a San Antonio son las protagonistas en quince tablas (112); dos cuadros representaban a San Cristóbal (113); dos veces aparece representado San Martín (114); en una sola ocasión encontramos referencia a Santa Magdalena (115).

---

(112) En la colección de Rubens, ya citada; en el inventario de 1642, referente a los bienes de Herman de Neyt; en un inventario del año 1644 sobre los bienes de Jan Van Meurs; en la colección de Margarita de Austria; cuatro se catalogaban en el Escorial, compradas para Felipe II; dos en el Palacio Real de Madrid; tres en el Palacio del Pardo.
(113) Ambas en el Palacio Real de Madrid. En una se representaba junto a San Antonio.
(114) Ambas en el Palacio Real de Madrid. En una aparecía el santo rodeado de pobres; en la otra, en una barca, su caballo en la orilla.
(115) Propiedad de Isabel la Católica.

GLOSARIO
DE SIMBOLOS

A continuación recogemos una serie de símbolos que aparecen en la obra bosquiana; no pretendemos ser exhaustivos, sino meramente ilustrativos de la problemática simbológica de la época. Todas las acepciones aquí citadas estaban en boga en los siglos XV y XVI.

ABUBILLA: El alma que acepta las falsas doctrinas. Entre sus cualidades mágicas, la protección contra el mal de ojo.

AGUA: La misericordia, o el infierno —agua helada—. En alquimia, el mercurio —elemento hembra—, generalmente junto al fuego.

AGUILA: Símbolo del evangelista Juan. Emblema de la Resurrección de Cristo. Se confunde a veces con el mito del pelícano. Los textos véterotestamentarios hacen alusiones a símbolos malignos, «aves inmundas».

ALAMBIQUE, CRISOL: Símbolo por excelencia de la alquimia, en él se realiza la unión del mercurio y del azufre, de la que nace el niño alquímico. Bosch no pintó nunca un alambique, sin embargo hay algunas formas que parecen hacer alusión a él.

ARBOL: Representa en su sentido más amplio la vida del cosmos. Ruysbroeck ve en él el símbolo del apetito sexual. Arbol Hueco, hace alusión al crisol alquímico y a la muerte.

ARPA: Como instrumento musical que es, inductor al acto sexual; en este sentido, se he relacionado con el cisne.

AZUL: Es el color del mal y del fraude. En sentido amplio simboliza la pérdida de consciencia: el dominio de la irrealidad.

BLANCO: Color que refleja la Potencia Divina. En alquimia, segundo estado de la cocción.

BOTA: Representa el odio.

CALABAZA: Alude al crisol alquímico: la «concúrbita del sabio»; simbolismo cósmico.

CALDERON: Símbolo del demonio.

CALIZ: Significación amplia: la eucaristía. En concreto la Pasión de Jesucristo.

CAMELLO: Humildad, docilidad. La tradición popular ve en él la sobriedad.

CAMPANARIO: Símbolo del poder de la Iglesia.

CANTARO: Vid, jarra.

CARACOL: Universalmente identificado como símbolo lunar. Símbolo sexual femenino: la valva. La resurrección, al ser un animal propio de los cementerios.

CERDO: Símbolo de lujuria y de gula. Simbolismo positivo cuando acompaña a San Antón.

CEREZA: Traída a Europa por los cruzados, considerada manjar paradisíaco, es símbolo del impudor y apetito sexual.

CIERVO: En la tradición cristiana símbolo de Cristo. El «Fisiólogo» trazaba un paralelismo con el alma al recordar el salmo XLI: «Como el ciervo desea las aguas de las fuentes, así mi alma te desea a ti, ¡oh Dios!». Varios ciervos juntos pueden hacer referencia a los apóstoles. Algunas veces puede tener un sentido lujurioso.

CIGÜEÑA: La castidad. Según los escritos místicos de la *devotio moderna,* los apetitos mundanos.

CIRCULO: Símbolo del universo, algunos cuadros adoptan esta forma.

CISNE: La hipocresía. Según los místicos, el olvido de la palabra divina. Símbolo de la gula. Su imagen en algunas banderas indica prostíbulo, símbolo sexual...

CONEJO: Vid. Liebre.

CORDERO: Jesucristo.

CORNAMUSA: Vid. Gaita.

CRISOL: Vid. Alambique.

CUCHILLO: Referencia del sexo masculino. Un cuchillo con hoja corta simboliza los impulsos instintivos.

CUERNO: Símbolo de virilidad. Cuerno Invertido, emblema del sexo femenino.

CUERVO: Símbolo alquímico: «Emblanquecer el cuervo» era la preparación del Mercurio Hermético. Emblema tradicionalmente maléfico.

EMBUDO: Símbolo demoníaco, miembro viril. Embudo invertido, el fraude o la falsa ciencia.

ERIZO: La fuerza vital. La herejía.

ESCALERA: Subir la E., acto sexual.

FENIX: Vid. Aguila.

FLECHA: La licencia de costumbres. Sombrero atravesado por una flecha, el coito.

FLOR DE CARDO: Las tentaciones que afectan a la mente del perezoso.

FRESA: La voluptuosidad.

FUEGO: Signo infernal. Relacionado con San Antonio hace referencia a la enfermedad que cura el Santo.

FUELLE: Satiriza a los falsos alquimistas.

GAITA: Considerada habitualmente símbolo sexual maligno. De color rosa, inversión sexual. Puede aludir a la taberna o al burdel.

GALLO: Durante la Edad Media se consideraba alegórico de vigilancia, resurrección, cólera y lujuria. También podía simbolizar la locura y la calumnia.

«GRILLO»: Figuras humanas híbridas o contrahechas. De origen clásico, sin duda símbolo del mal.

HENO: Entendido como bien terreno, fugaz; inspirándose en los salmos: «el hombre es como heno y su gloria como flor de los campos».

HUEVO: De simbología amplísima. En alquimia, corresponde al alambique. Emblema de la magia negra y del diablo.

IBIS: Símbolo demoníaco: el «Fisiólogo» afirmaba que era el más inmundo de los animales. En alguna ocasión hace referencia a la memoria.

 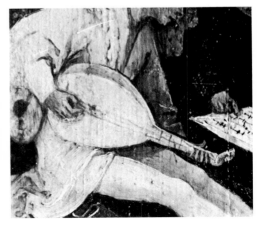

JARRA: Símbolo de continente, como todos los de este tipo, corresponde al mundo femenino, más exactamente al sexo.

LAUD: Instrumento para la atracción sexual.

LECHUZA: En la Antigüedad se la consideraba como el ave de la sabiduría por ver con claridad en la oscuridad. Herejía.

LEON: Símbolo demoniaco. Emblema de San Marcos, de San Jerónimo. La tradición ve en él a Jesucristo porque vela día y noche.

LIEBRE o CONEJO: La voluptuosidad unida al terror de la muerte. Emblema del sexo femenino en particular, o a la fertilidad en general.

LINTERNA: Emblema sexual femenino.

LOBO: Símbolo alquímico del antimonio.

LLAVE: Imagen del conocimiento, el sexo.

MADROÑO: Según el Padre Sigüenza representa la fugacidad de los placeres.

MANZANA: Suele hacer alusión al pecado carnal y, en ocasiones, al pecho femenino.

MARIPOSA: Simboliza la inconstancia.

MEDIA LUNA: Representa la herejía o el paganismo, es rara la obra bosquiana en la que no figure.

MOLUSCO: Alude al sexo femenino. Un personaje transportando un m. con alguien dentro, el marido engañado.

MONA: Inconstancia o mentira; en ocasiones, el diablo.

ORGANO: Símbolo como el laud y el arpa, relacionado con la atracción sexual.

OSO: Símbolo demoniaco; en alquimia, corresponde a la *nigredo* de la primera materia. La lujuria; en este sentido se hace referencia al oso como degustador de frutas dulces. Símbolo general de impureza y al mismo tiempo de pereza.

PAJARO CARPINTERO: El Salvador, la lucha contra la herejía.

PALMERA: Arbol del bien y del mal.

PATIN: Símbolo fálico.

PAVO: La vanidad. Desde la Antigüedad simboliza la inmortalidad.

PELICANO: Vid. Aguila. Imagen de Jesucristo. El amor al prójimo: alimenta a sus hijos con su propia sangre.

PENDULO: Símbolo alquímico.

PERLA: El esperma. El alma humana.

PERRO: La envidia. Cuando acecha a las personas también puede entenderse como la muerte. Unido al tema funerario, la fidelidad.

PETIRROJO: Símbolo popular de lascivia.

PEZ: En el origen de la simbología cristiana, Jesucristo. Emblema de la Cuaresma. Siguiendo la tradición medieval posee una marcada intencionalidad maléfica. Pez con escamas símbolo de la pureza. Según Ruysbroeck, lujuria y voluptuosidad.

PIE CORTADO: En lenguaje alquímico, fijación del mercurio.

PLANTAS ACUATICAS: Imagen de la misericordia.

RANA: Símbolo de la crueldad. Emblema de la credulidad.

RATON: Símbolo sexual. Según Ruysbroeck, falsedad de las doctrinas rechazadas por el cristianismo.

ROJO Y ROSA (color): El amor y la creación.

ROSA (flor): Blanca, símbolo de la oración. En alquimia, estado final de la cocción.

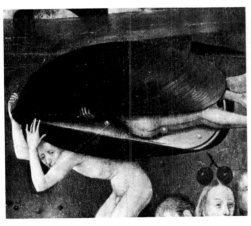

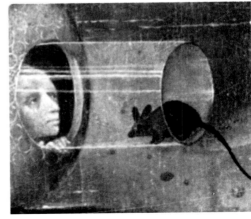

SAPO: Símbolo del demonio, o sortilegio suyo. La mujer portadora del sapo, en Bosch, es la soberbia; en el bestiario medieval, la lujuria.

SERPIENTE: Tentación demoniaca en general.

SIRENA: Efecto del encantamiento maléfico; en ocasiones, la propia encantadora. Símbolo lujurioso.

TAU: En los naipes la perfección. Emblema de la orden Antonita o antoniana. Símbolo de victoria sobre la tentación.

TULIPAN LACUSTRE: Significa el dinero.

UNICORNIO: Simboliza la castidad. También a Cristo o a la Virgen María.

VALVA: Vid. molusco.

VASO: Emblema sexual femenino.

VERDE: Color del agua purificadora y, también, de la mirada maléfica de Satanás.

BIBLIOGRAFIA

Dado el ingente número de libros y artículos sobre el Bosco, nos limitaremos a señalar algunos de los más importantes, como orientación, en orden cronológico, para una profundización en el tema. Una bibliografía completa hasta 1960 puede encontrarse en R. L. Delevoy. *Bosch.* Ginebra, 1960; hasta 1965 en Charles De Tolnay. *Hieronymus Bosch.* Baden-Baden, 1965; y hasta 1972 en R. H. Marijnissen, M. Seidel y otros. *Jheronimus Bosch.* Bruselas, 1972.

Las referencias bibliográficas de los textos relativos al Bosco de los siglos XVI y XVII pueden encontrarse en el capítulo 1.

1889   Carl Justi. «Die Werke des Hieronymus Bosch in Spanien.» *Jahrbuch der königlich preussischen Kunstsammlungen,* X, 1889, pp. 120-44.

1898   H. Dollmayr. «Hieronymus Bosch und die Darstellung der vierletzten Dinge in der niederländischen Malerei des XV, und XVI. Jahrhunderts.» *Jahrbuch der kunsthistorischen Sammlungen des Allerhöchsten Kaiserhauses,* 19, 1898, pp. 284-343.

1910   W. Cohen. «Hieronymus Bosch.» *Thieme-Becker Künstlerlexikon,* IV, 1910, pp. 386 y ss.

1914   P. Lafond. *Hieronymus Bosch.* Bruselas-París, 1914.

1917   L. von Baldass. «Die Chronologie der Gemälde des Hieronymus Bosch.» *Jahrbuch der königlich preussischen Kunstsammlungen,* 38, 1917, pp. 177-85.

1926   L. Baldass. «Betrachtungen zum Werke des Hieronymus Bosch.» *Jahrbuch des kunsthistorischen Sammlungen in Wien,* 1, 1926, pp. 103-22.

1927   M. J. Friedländer. *Die altniederländische Malerei, V, Geertgen van Haarlem und Hieronymus Bosch.* Berlín, 1927.

1937   Charles De Tolnay. *Hieronymus Bosch.* Basilea, 1937.

1939   D. Roogen. «J. Bosch: Literatur en Folklore.» *Gentsche Bijdragen tot de Kunstgeschiedenis,* 6, 1939/40, pp. 139-46.

1941   M. J. Friedländer. *Hieronymus Bosch.* La Haya, 1941.

1943   L. von Baldass. *Hieronymus Bosch.* Viena, 1943.
       Wilhelm Fraenger. «Andacht zum Kinde. Auslegung eines Bildes von Hieronymus Bosch.» *Die neue Rundschau,* 54, 1943, pp. 221-226.

1944   Dirk Bax. «Jeroen Bosch'keisnijding.» *Historia,* 10, 1944, pp. 121-124.

1945   G. de Tervarent. «The Origin of one of Jerome Bosch's pictures.» *Message.* 1945 (enero), pp. 44 y ss.

1946   J. Combe. *Jérôme Bosch.* París, 1946.

1947   W. Fraenger. *Hieronymus Bosch: das Tausendjährige Reich.* Coburg, 1947 (ed. inglesa, Londres, 1952; francesa, París, 1966; nueva alemana, Amsterdam, 1969).

J. Mosmans. *Jheronimus Anthoniszoon van Aken alias Hieronymus Bosch.* Hertogenbosch, 1947.

1948   D. Bax. *Ontcijfering van Jeroen Bosch.* La Haya, 1948.

J. V. L. Brans. *Hieronymus Bosch (El Bosco).* Barcelona, 1948.

M. J. M. Ebeling. «Jheronimus van Aken.» *Miscellanea Gessleriana.* Amberes, 1948, pp. 444-57.

W. Fraenger. «Johannes der Täufer, eine Meditationstafel des Freien Geistes.» *Zeitschrift für Künst,* 2, 1948, pp. 163-75.

1949   G. van Camp. «Considérations sur le paysage chez Jérôme Bosch.» *Miscellanea Leo van Puyvelde,* 1949, pp. 65-73.

W. Fraenger. «Johannes auf Patmos, eine Umwendetafel für den Meditationsgebrauch.» *Zeitschrift für Religions- und Geistesgeschichte,* 2, 1949/50, pp. 327-45.

1950   W. Fraenger. *Die Hochzeit zu Kana. Ein Dokument semitischer Gnosis bei Hieronymus Bosch.* Berlín, 1950.

A. Pigler. «Astrology and Jerome Bosch.» *Burlington Magazine,* 1950, pp. 132-36.

1951   W. Fraenger, véase 1975.

1953   L. Brand Philip. «The Prado *Epiphany* by Jerome Bosch.» *Art Bulletin,* 35, 1953, pp. 267-93.

G. Dorfles. *Bosch.* Milán, 1953.

1954   G. van Camp. «Autonomie de Jérôme Bosch, et récentes interprétations de ses oeuvres.» *Bulletin des Musées Royaux des Beaux-Arts,* 3, 1954, pp. 131-48.

1955   J. V. L. Brans. «Los eremitanos de Jerónimo Bosco: San Juan Bautista en el desierto.» *Goya,* 1955, pp. 196-201.

1956   D. Bax. «Beschrijving en poging tot verklaring van Het Tuin der Onkuisheid-drieluik van Jeroen Bosch, gevogd door kritiek op Fraenger.» *Verhandelingen d. K. Nederlanse Academie van Wetenschappen,* Amsterdam, 63, 2, 1956, pp. 1-208.

L. Brand Philip. *Hieronymus Bosch.* Nueva York, 1956.

1957   O. Benesch. «Hieronymus Bosch and the Thinking of the late Middle Ages.» *Konsthistorisk tidskrift,* 26, 1957, pp. 21-42 y pp. 103-27.

Ch. D. Cuttler. «The Lisbon *Temptation of St. Anthony,* by Jerome Bosch.» *Art Bulletin,* 39, 1957, pp. 109-26, y «Witchcraft in a Work by Bosch.» *Art Quarterly,* 20, 1957, pp. 129-40.

W. Fraenger, véase 1975.

C. A. Wertheim Aymés. *Hieronymus Bosch, eine Einführung in seine geheime Symbolik.* Amsterdam, 1957.

1959   R. von Holten. «Hieronymus Bosch und die Vision des Tondalus.» *Konsthistorisk tidskrift,* 28, 1959, pp. 99-109.

C. Linfert. *Hieronymus Bosch, the Painting.* Londres, 1959.

1960   R. L. Delevoy. *Bosch.* Ginebra, 1960.

1961   H. Lenneberg. «Bosch's Garden of Earthly Delights, some musical Considerations.» *Gazette des Beaux-Arts,* 53, 1961, pp. 135-44.

C. Pemán. «Sobre la interpretación del viandante al reverso del *Carro del Heno* de El Bosco.» *Archivo Español de Arte,* 34, 1961, pp. 125-39.

J. Rosenberg. «On the Meaning of a Bosch Drawing.» *De artibus opuscula,* XL (Essays in honor of Erwin Panofsky). Nueva York, 1961, pp. 422-26.

1963   W. Fraenger, véase 1975.

Isabel Mateo. «El grupo de la cueva en el panel central del *Jardín de las Delicias.*» *A.E.A.,* 36, 1963, pp. 253-57 y «El grupo de los jugadores en el *Jardín de las Delicias.*» A.E.A., 32/3, 1959/60, pp. 253-56 y pp. 427-30.

1965   Isabel Mateo. *El Bosco en España.* Madrid, 1965.

Ch. De Tolnay. *Hieronymus Bosch.* Baden-Baden, 1965.

1966   M. Cinotti. *L'Opera completa di Bosch.* Milán, 1966.

M. Praz. «The Canticles of Hieronymus Bosch» en *The Grand Eccentrics.* Art News Annual 32. Nueva York, 1966, pp. 54-69.

1967   D. Bax, P. Gerlach, L. Pirenne y otros. *Bijdragen bij gelegenheid van de herdenkingstentoonstelling te 's-Hertogenbosch,* 1967.

M. Bussagli. *Bosch.* Londres, 1967.

P. Gerlach. «Studies over Jeronimus van Aken (alias Bosch). *Spiegel der Historie,* 1967, pp. 587-98 y p. 623-70.

M. J. Friedländer y otros. *Katalog der Boschausstellung in Hertogenbosch,* 1967.

E. H. Gombrich. «The earliest Description of Bosch's *Garden of Delights.*» *Journal of the Warburg and Courtauld Institutes,* 30, 1967, pp. 403-06.

Isabel Mateo. «El *Jardín de las Delicias.* A propósito de una copia temprana y un tapiz.» *A.E.A.,* 40, 1967, pp. 47-54.

H. Read. «Hieronymus Bosch: Symbolic Integration» en *Art and Alienation, the Role of the Artist in Society.* Londres, 1967, pp. 77-86.

1968   P. Gerlach. «Les sources pour l'étude de la vie de Jérôme Bosch.» *Gazette des Beaux-Arts,* 1968, pp. 109-16.

J. van Lennep. «A propos de Jérôme Bosch: polémique, tarot et sang-dragon.» *Gazette des Beaux-Arts,* 1968, pp. 189 y ss.

R. L. McGrath. «Satan and Bosch. The *Visio Tundali* and the Monastic Vices.» *Gazette des Beaux-Arts,* 1968, pp. 45-50.

1969   E. Calas. «D for Deus and Diabolus. The Iconography of Hieronymus Bosch.» *The Journal of Aesthetics and Art Criticism,* 27, 1969, pp. 445-54.

Ch. D. Cuttler. «Bosch and the *Narrenschiff:* A Problem in Relationships.» *Art Bulletin,* 51, 1969, pp. 272-76.

E. H. Gombrich. «The Evidence of Images» en *Interpretation Theory and Practice* (ed. por Charles Singleton). Baltimore, 1969, pp. 35-104; y «Bosch's *Garden of Delights:* A Progress Report.» *Journal of the Warburg and Courtauld Institutes,* 32, 1969, pp. 162-70.

P. Reuterwärd. «What Color is Divine Light?» *Art News Annual,* 35, 1969, pp. 108-27.

1970   E. Calas. «Bosch's *Garden of Delights:* A Theological Rebus.» *Art News,* 1970, pp. 184-99.

H. Heidenreich. «Hieronymus Bosch in some literary Context *Journal of the Warburg and Courtauld Institutes,* 1970, pp. 171-99.

P. Reuterswärd. *Hieronymus Bosch.* Uppsala, 1970.

1972 R. H. Marijnissen, M. Seidel y otros. *Jheronimus Bosch.* Bruselas, 1972.

1973 W. S. Gibson. *Hieronymus Bosch.* Nueva York, 1973.

1975 W. Fraenger. *Hieronymus Bosch.* Dresde, 1975.

       L. J. Slatkes. «Hieronymus Bosch and Italy.» *Art Bulletin,* 1975, pp. 335-45.

1976 P. Glum. «Divine Judgment in Bosch's *Garden of Earthly Delights.*» *Art Bulletin,* 1976, pp. 45-54.

1977 S. Orienti y R. de Selier. *Hieronimus Bosch.* París, 1977.

1978 J. Chailley. *Jérôme Bosch et ses symboles. Essai de décryptage,* Bruselas, 1978.

1979 D. Bax. *Hieronymus Bosch, his picture-writing deciphered.* Rotterdam, 1979.

INDICE
DE ILUSTRACIONES

ADORACION DE LOS MAGOS. Museo del Prado, Madrid (Pág. 75, **77**, **81**, **97**, **181**, **185**, 187).
Tríptico cerrado: LA MISA DE SAN GREGORIO (Pág. 63, 179).

BALLESTERO. Museo del Prado, Madrid (Pág. **109**).

BARCA DE LOS LOCOS. Museo del Louvre, París (Pág. **105**).

BATALLA ENTRE CARNAVAL Y CUARESMA. Galería Cramer, La Haya (Página 119).

BODAS DE CANA. Museum Boymans-van-Beuningen, Rotterdam (Pág. **189**).

CAMINO DEL CALVARIO. Palacio Real, Madrid (Pág. 95, **101**, **201**).

CARRO DEL HENO. Museo del Prado, Madrid (Pág. 19, **21**, **33**, 39, **137**, **157**, **161**, **177**).
Tríptico cerrado: EL CAMINO DE LA VIDA (Pág. 159).

CONCIERTO DEL HUEVO. Palais des Beaux-Arts, Lille (Pág. 111, 127).

CORONACION DE ESPINAS. National Gallery, Londres (Pág. **53, 193**).

CORONACION DE ESPINAS. Real Monasterio de San Lorenzo, El Escorial (Páginas **129, 197**).

CRISTO ANTE PILATOS. The Art Museum, Princeton (Pág. 103).

CURACION DE LA LOCURA. Museo del Prado, Madrid (Pág. **125**).

ECCE-HOMO. Stadelsches Museum, Frankfurt (Pág. 55, 87).

EL HOMBRE O EL HIJO PRODIGO. Museum Boymans-van-Beuningen, Rotterdam (Pág. 173).

JARDIN DE LAS DELICIAS. Museo del Prado, Madrid (Pág. **17**, **29**, 35, **49**, 91, **117**, 143, **165**, **169**, 221, 223).
Tríptico cerrado: LA CREACION DEL MUNDO (Pág. 167).

JUICIO FINAL. Akademie der Bildenden Künste, Viena (Pág. **57**, **61**).
Tríptico cerrado: SANTIAGO Y SAN BAVON (Pág. 83).

MESA DE LOS SIETE PECADOS CAPITALES. Museo del Prado, Madrid (Páginas **25**, 27, **41**, **89**, 123, 139, **149**, 151).

MUERTE DEL AVARO. National Gallery of Art, Col. Kress, Washington (Páginas **113**, **153**).

SAN JUAN EN PATMOS. Museo Lázaro Galdiano, Madrid (Pág. **145**, **213**).

SAN JUAN EN PATMOS. Staatliche Museen, Berlin-Dahlem (Pág. 195).

TENTACIONES DE SAN ANTONIO (núm. Cat. 2049). Museo del Prado, Madrid (Pág. 207).

TENTACIONES DE SAN ANTONIO (núm. Cat. 2913). Museo del Prado, Madrid (Pág. 215).

TENTACIONES DE SAN ANTONIO (Tríptico, núm. Cat. 3085). Museo del Prado, Madrid (Pág. 67, 211).

TENTACIONES DE SAN ANTONIO. Museu de Arte Antiga, Lisboa (Pág. **209**).
Tríptico cerrado: CAMINO DEL CALVARIO (Pág. 203).

VISION DE TONDAL. Museo Lázaro Galdiano, Madrid (Pág. **65**).

* Los números *en negrita* corresponden a las ilustraciones en color.

MENCION FOTOGRAFICA

Akademie der Bildenden Künste, Viena, 83 / A.C.L., Bruselas, 111, 127 / The Art Museum, Princeton, 103 / E. Dominguez, Madrid, Portada, 17, 19, 21, 25, 27, 29, 33, 35, 39, 41, 49, 63, 65, 67, 75, 77, 81, 89, 91, 97, 109, 117, 123, 125, 137, 139, 143, 145, 149, 151, 157, 159, 161, 165, 167, 169, 177, 179, 181, 185, 187, 207, 211, 213, 215, 221, 223 / Estudio Mario Novais, Lisboa, 209 / Galeria Cramer, La Haya, 119 / Jorg P. Anders, Berlin, 195 / Francisco Marques, Lisboa, 203 / Musées Nationaux, Paris, 105 / Museum Boymans-van-Beuninger, Rotterdam, 189 / National Gallery, Londres, 53, 193 / National Gallery of Art. Col. Kress, Washington, 113, 153 / Patrimonio Nacional, Madrid, 95, 101, 129, 197, 201 / Photo Meyer, KG., Viena, 57, 61 / Ursula Edelmann, Frankfurt, 55, 87.